Skrive Bacheloroppgaver, Masteroppgaver eller Semesteroppgaver Riktig (Vitenskapelig Skriving)

Fynn Hansen

Innhold

DEN VITENSKAPELIGE STILEN — 5

Kortfattet, objektiv og tro mot temaet — 7
Støtte argumentasjon — 14
Hypoteser — 16
Foredrag og kritikk — 20
Henvisning til kilder — 20
Å kritisere i en diskusjon — 24
Konklusjonen — 28
Sitat korrekt — 30
Direkte henvisning — 31
Indirekte henvisning — 34
Skriftlige hindringer — 36
Tankekart med fire kolonner og nierregel — 39
Endelig korreksjon — 43

OPPBYGGINGEN AV ET TEKNISK DOKUMENT — 50

Redegjørelsen — 54
Innledning — 60
Sammendraget — 62
Analyse — 63
Konklusjonen — 67
Bibliografi og referanser — 68
Eideserklæring — 69

TILLEGGSKAPITTEL OM KJØNN: KJØNNSSENSITIVT SPRÅK — 72

AVSLUTTENDE ORD — 75

Innledning

elv om det å skrive, holde en fyllepenn eller kulepenn og i mellomtiden også skrive på tastatur læres på skolen, er det fortsatt mange som synes det er vanskelig å overføre tankene sine til papir eller skjerm. Selv i skolen distanserer de få barna som virkelig aktivt og villig skriver ned tankene sine eller til og med kopierer setninger fra en av lærebøkene seg sterkt fra klassekameratene. Det er derfor ikke overraskende at studenter heller ikke er skånet for dette problemet.

Å skrive sin egen oppgave, enten det er på bachelor- eller masternivå, er høydepunktet i enhver students liv. De mange semestrene og alle årene med aktive forberedelser bygger opp til dette øyeblikket. Til tross for denne forberedelsen er studentene dessverre overlatt til seg selv. I stedet for at bacheloroppgaven gjenspeiler det som er lært og følgelig kommer lett, er denne prosessen en spesielt steinete vei for så mange unge mennesker.

Problemer og komplikasjoner med skriving forekommer faktisk ganske ofte innenfor alle studier og er dermed også en svært sentral årsak til at man må studere vesentlig lenger enn nødvendig eller til at man avbryter et studium. Dette skjer stadig oftere, særlig innen humaniora og samfunnsvitenskap.

Disse ungdommene er grundig forberedt på denne vanskelige oppgaven. Hver eneste lekse og eksamen forbereder dem på denne virkelige oppgaven; å skrive sin egen avhandling. Dette problemet eksisterer imidlertid ikke bare blant studenter, men også blant elever i alle aldre på alle skoler i landet; det er bare gjennom å skrive lekser og eksamener at svært få unge mennesker virkelig etablerer en rutine og deretter holder seg til den. En rutine, og dermed en direkte stilistisk struktur, er viktig i en bachelor- og/eller masteroppgave. Det er nettopp denne rutinen som så mange viker unna, og det er grunnen til at halvhjertede unnskyldninger til slutt blir gjort for å overbevise ens psyke om at det er viktigere ting enn den virkelig gjennomtenkte skrivingen av en tekst.

Hyppige unnskyldninger høres vanligvis ut på samme måte; plutselig er det så mange viktigere ting å gjøre. Det spiller ingen rolle om det er den årlige telefonsamtalen til besteforeldrene, besøket hos foreldrene, handelen, å gå ut med søpla, se på fuglene som sitter på en gren utenfor og synger en glad sang, eller til og med stirre i taket eller en grå, trist vegg. Alt dette er unnskyldninger studenter bruker for å unngå å ta tak i de virkelig viktige tingene i livet.

Nøkkelordet her er ikke engang at dagens unge, ifølge uttalelser fra eldre generasjoner, ikke lenger kan bære ansvar og at de derfor ikke går i gang med disse oppgavene, men snarere at skriving nå rett og slett ikke lenger er en glede for folk. Studier de siste årene har i økende grad vist at de to yngste generasjonene har et spesielt stort mål i livet: De vil gjøre det som tilfredsstiller dem, de vil ha glede og ha det gøy med det de gjør. Følgelig er det også forståelig at nettopp de ungdommene som følger dette ledende prinsippet, som har valgt et studium som de liker, som får dem til å gå i full fart og som de kan forestille seg å jobbe med hele livet, mangler moroa med å skrive.

Å skrive en bacheloroppgave er ikke engang bare fokusert på skriving. I stedet er den faktiske oppgaven så mye større. Det er sjelden at en person, uansett alder, virkelig kjenner et emne så godt at det ikke er behov for ytterligere undersøkelser, at det ikke er nødvendig å slå opp årstall eller spesifikke kjennetegn. Siden dette vanligvis ikke er tilfelle, er det å skrive en oppgave for en student en spesielt lang prosess med mange trinn som må gjennomgås.

Så før selve skrivingen kommer researchen. Et spesielt stort antall spørsmål må besvares, noe som betyr at studentene må ta seg tid til å forberede seg på å skrive en tekst i utgangspunktet. Dette må absolutt ikke sammenlignes med en hjemmelekse på skolen, der det knapt ble gjort noen innsats eller der en enkel tekst ble kopiert eller transkribert med en gang. Nei, dette er et ekstremt viktig sluttdokument som kan forandre liv. Hvert spørsmål må besvares individuelt. Det handler imidlertid ikke engang om innholdet i avhandlingen eller bacheloroppgaven. I stedet handler det om egenskapene til en vitenskapelig tekst.

Når kan for eksempel en vitenskapelig tekst anses som "vitenskapelig"? Er det virkelig bare et spørsmål om at teksten er komplisert og vanskelig å lese eller forstå? Er det tillatt å skrive i første person, eller må tredje person alltid brukes? Hvordan er det strukturert på en meningsfull måte? Og hvordan kan en oppgave som innebærer å skrive en vitenskapelig tekst egentlig forstås?

Slike spørsmål kan ikke bare være slitsomme, men også ta bort alt mot fra studenten, for sett på en annen måte er det ikke uvanlig at studenter virkelig engasjerer seg i et emne. De liker å forske og utvide kunnskapen sin igjen og igjen. Den eksisterende kunnskapen er der, de kan bare ikke skrive den ned, og det kan fort bli et stort problem. Til syvende og sist har disse ungdommene alt de trenger for å sette karrieren i gang, for å ta et spesielt stort utviklingssteg i livet, men så mislykkes det til slutt på grunn av en så liten detalj som ikke engang har noe med selve emnet å gjøre?

Dette gjelder ikke bare studenter. Professorer har også i lengre tid klaget over at studentene deres har "skrivesvakheter". En spesielt høy prosentandel av alle kursene når ikke professorenes forutsetninger. Hvorfor er dette tilfelle, og hvorfor er det så vanskelig å skrive en vitenskapelig tekst for dagens generasjon når betydelig flere pleide å oppfylle denne standarden?

Det er mange faktorer som bidrar til skrivevansker, spesielt de som er knyttet til foreldrenes eller foresattes generelle oppdragelse, men også spesielt til måten innholdet i kurset blir undervist på. Den faktiske måten dette gjøres på er en spesielt stor hindring i den generelle skrivingen av en tekst eller i den faktiske innlæringen av skriving. Spesielt i vitenskapelige tekster er akkurat disse hindringene tatt til et nytt nivå.

Vage begreper, upresise begrepsforklaringer og vitenskapelig sjargong som er spesielt vanskelig å fordøye, gjør at disse ungdommene aldri lærer seg den korrekte skriveformen og ikke engang stiller spørsmål ved den. I tillegg blir det for eksempel innen naturvitenskap lagt til formler og generelle nøkkelord i forelesningene, som imidlertid ikke gjengis på denne måten i en bacheloroppgave, men må forklares mye dypere. Professorens omstendelige språk sørger for at et like omstendelig språk skrives ned i en vitenskapelig artikkel, og svært lite oppmerksomhet rettes mot forståelighet og grammatisk korrekthet i forelesningene.

Kort sagt er det få klare referansepunkter for studenter å henvende seg til i dag. Ettersom alle vitenskaper endrer og utvikler seg, gjør naturligvis også regelverket som styrer slike akademiske tekster det. Disse reglene og retningslinjene er nå mer kompliserte og vanskelige enn noensinne, i likhet med nesten alle andre områder av livet i forhold til en svunnen tid. Usikkerheten svever over studentenes hoder om de har truffet den rette "tonen", om en formulering i det hele tatt gir mening i professorens øyne, og om en sofistikert stil virkelig er sofistikert nok.

Studenter har det absolutt ikke lett. Denne boken er ment å hjelpe nettopp de som mislykkes med å skrive akademiske tekster og virkelig skjærer tennene på det. Det er en prosess som må læres, og som det ikke finnes noen snarvei til. Hindringene på veien til suksess kan ikke overvinnes i en kort sprint som er vanskelig, men raskt overstått, men det er en spesielt lang maraton som kan være slitsom og som strekker seg over horisonten, men som er grunnlaget for enhver olympisk mester.

Denne boken er ment å beskrive dette kurset, om enn på en mindre sportslig måte. Den tar blant annet for seg hvordan vitenskapelige tekster skrives, hvordan man kommer frem til en fornuftig disposisjon, hvilken stil som er den rette, og også hvordan man treffer den rette tonen på den vitenskapelige skalaen uten at usikkerheten gjør det nesten umulig å sovne.

Den vitenskapelige stilen

et er vanskelig for de færreste å skrive. Det læres tidlig på skolen, og noen barn skriver navnet sitt allerede i barnehagen. Selv personer med lærevansker kan i de fleste tilfeller skrive, men ofte ikke med den beste håndskriften. Akademisk skriving har imidlertid ingenting å gjøre med skrivingen som barn lærer så snart de begynner på skolen, men det er en viktig kategori med svært strenge kriterier som ikke kan sammenlignes med en journalistisk artikkel eller et essay. Formelle kriterier så vel som visse regler oppfattes alltid som kjedelige av studentene, men de er uunnværlige når det gjelder riktig, vitenskapelig arbeidsmåte.

Når vi snakker om en vitenskapelig tekst, mener vi en tekst skrevet i et vitenskapelig språk. Ikke bare inneholder vitenskapelig språk en terminologi som er helt spesifikk for emnet for den aktuelle studien, men i motsetning til en avisartikkel må dette språket aldri inneholde noen vurdering. Det er derfor en nøytral stil som bare er ment å bedre forklare informasjonen i en bestemt studie. Dette betyr også at vitenskapelig språk og dermed vitenskapelige tekster ikke ble laget for massene, men for eksperter, selv om man fortsatt bør være nøye med å forklare riktig informasjon så detaljert og konkret at selv en som ikke er ekspert på akkurat det emnet, kan forstå den.

I prinsippet handler det alltid om sammenstilling og sammenligning av funn, som deretter analyseres og evalueres. Vitenskapelige tekster er dermed et produkt av sammenligning av forskningsmateriale, der for eksempel faglige diskurser kan formes.

Siden det derfor er et produkt av vitenskapelig analyse, kan det å skrive en vitenskapelig tekst ikke sammenlignes med å skrive ned enkle tankeprosesser. I stedet bygger en vitenskapelig tekst på generelle vitenskapelige metoder. For å kunne evaluere disse på riktig måte er det nødvendig med dokumentasjon slik at evalueringen av materialet er nøyaktig. Det må derfor legges vekt på en seriøs og kritisk tilnærming til vitenskapelig litteratur og andre kilder. I denne forbindelse er det desto viktigere å markere bruk av tekstpassasjer fra andre forfattere eller resultater fra andre forskere. En vitenskapelig tekst må derfor være gjennomsiktig.

Det er spesielt viktig for studenter å vite at det å skrive en seriøs semesteroppgave, og spesielt å skrive en profesjonell oppgave som bacheloroppgaven på slutten av et studium, gjør dem til et medlem av det vitenskapelige samfunnet. I dette må strenge regler følges. Ansvaret med hensyn til alvoret i disse tekstene må håndteres med særlig vekt, siden ingen kan være sikker på hvem som vil lese alle tekstene på et senere tidspunkt. Senere generasjoner vil se ned på disse tekstene og ikke gjenkjenne annet enn sannheter i dem. Vitenskapelige tekster må derfor håndteres seriøst.

Dette betyr blant annet at innholdet må være korrekt og metodisk forståelig. Under ingen omstendigheter kan det fremsettes påstander, men det er alltid et spørsmål om å underbygge vitenskapelige funn eller henvisninger til litteratur.

Alt dette undervises og læres i løpet av studiet. Stringens og dermed logisk og forståelig argumentasjon behandles med stor verdi, men mange studenter synes det er vanskelig å håndtere en vitenskapelig artikkel. Derfor legges det særlig vekt på bacheloroppgaven, som er et høydepunkt i hvert studieprogram.

Så hva betyr det egentlig å skrive en bacheloroppgave? Og hvilke kriterier er særlig viktige?

KORTFATTET, OBJEKTIV OG TRO MOT TEMAET

Objektivitet er et spesielt viktig aspekt og et av hovedkriteriene for en vitenskapelig tekst. Det kreves at skrivingen er så beskrivende som mulig, noe som betyr at studentene må tilstrebe en ikke-dømmende og ikke-evaluerende skrivestil.

I stedet må argumentene være logisk forståelige. Det er ikke et spørsmål om å forklare sin egen mening i detalj, beskrive argumenter på grunnlag av sin egen mening eller evaluere en tekst subjektivt generelt, men snarere å gjengi rene fakta og fakta som er ment å utvide bildet av det store bildet. Derfor kan det ikke utøves noen som helst innflytelse på emnet, verken i form av egen mening eller i form av en aktiv subjektiv vurdering.

Disse fakta og fakta må også underbygges og bevises. Ikke bare må individuelle kilder siteres i bibliografien, men nevnte kilder som er eksplisitt referert til, må beskrives på en svært nøytral måte slik at bare de mest relevante aspektene forekommer. Disse bør fremheves i den akademiske teksten.

På den annen side bør enhver form for moralsk vurdering unngås. Disse er upassende, men kan representeres. I form av hypoteser, som enten bevises eller motbevises av svaret på forskningsspørsmålet, kan ens egen subjektive mening presenteres godt, men dette er veldig vanskelig, og spesielt studenter bør heller avstå fra en eksplisitt mening innen vitenskapelig skriving, selv om dette skulle være tilfelle i form av en hypotese. Her kan det fort oppstå for mange feil. Dette inkluderer ikke bare det generelle uttrykket for ens egen mening, men også visse formuleringer som bare er noen få ord lange, men som i stor grad kan endre meningen bak teksten. Dette inkluderer for eksempel å sette ord på egne følelser. Setninger som "Jeg synes det beskrevne eksperimentet gikk veldig bra", eller "Jeg følte meg ikke komfortabel med å utføre dette eksperimentet", er former for beskrivelse av følelser og bør avstås fra, da arbeidet ikke lenger er objektivt, men handler om ens egne subjektive opplevelser.

Erfaringene bør imidlertid absolutt skrives ned. Dette må imidlertid gjøres på en objektiv måte. I en vitenskapelig tekst er det ikke tillatt å skrive: "Etter min erfaring er de fleste testpersonene dyktige testpersoner". I stedet må egne erfaringer beskrives objektivt, slik tilfellet er innenfor en metode. Metoden beskriver det nøyaktige forløpet av et eksperiment eller en evaluering, som skal gi mer detaljerte resultater for forskningsspørsmålet og hypotesene. I denne delen av en vitenskapelig tekst er det svært viktig å være oppmerksom på alle detaljer og å liste opp alle aspekter som er gitt under den generelle datainnsamlingen. Disse datainnsamlingene representerer ens egne erfaringer, men disse erfaringene kunne også ha blitt gjort av en annen person når som helst. Når det gjelder et eksperiment, for eksempel en spørreundersøkelse, er forskerne bare observatører som trekker sine konklusjoner ut fra svarene de får. Dette er ikke opplevelser som forandrer et enkelt liv til det bedre eller til det verre.

For studenter betyr dette at dagligdagse uttrykk og fyllord generelt bør unngås. I det tyske språket finnes det mange forskjellige typer språk, for eksempel aksenter og talemåter. Det finnes imidlertid også et standardspråk på høyt nivå, som det undervises i på skolene. Dette må brukes tydelig i akademiske tekster.

Derfor bør subjektive overdrivelser så vel som uttrykk for personlig entusiasme unngås, noe som absolutt hjelper enhver forsker i hans eller hennes egen forskning, men som ikke har noen plass i en bacheloroppgave. Det bør også unngås meningsforsterkende termer, som vil gjøre et teknisk dokument til en subjektiv evaluering. Videre kan allmennspråk unngås ved ikke bare å unngå fyllord, som ofte beskriver en situasjon mye mer drastisk og langt mindre vitenskapelig og seriøst, men også ved å holde seg unna metaforer og idiomer. Disse kan brukes utenfor arbeidsplassen eller på universitetet, men disse begrepene hører ikke hjemme i en bacheloroppgave eller en fagoppgave generelt.

Noen eksempler vil vise hvor mye en tekst kan endres hvis de riktige begrepene ikke brukes.

Generell objektivitet kan svekkes av subjektive overdrivelser. "Hjulet er tidenes største oppfinnelse" høres for eksempel alt annet enn vitenskapelig ut. I stedet er det en subjektiv vurdering, fordi det ikke er hundre prosent sikkert hva som virkelig var menneskehetens største oppfinnelse. En mye mer objektiv måte ville være å skrive at hjulet er en av de viktigste oppfinnelsene i menneskehetens historie. Her fokuseres det på fakta, for det kan ikke benektes at hjulet faktisk er en svært viktig oppfinnelse.

Adjektiver som "elendig", "uslåelig" eller "best mulig" kan beskrives som subjektive vurderinger. Selvfølgelig vil hver forsker ha sin egen mening, akkurat som hver student vil ha en mening om emnet for sin egen bacheloroppgave, men emnet for en profesjonell oppgave må alltid undersøkes nøytralt og dermed også beskrives nøytralt. Ens egen mening spiller ingen rolle i fagkretser.

Det samme gjelder subjektive begreper, som ved første øyekast virker harmløse, men som kan endre budskapet i en setning kraftig. Setningen "Dessverre var han ikke i stand til å delta på intervjuet personlig på grunn av sin stramme tidsplan" høres først gyldig ut og heller ikke som uttrykk for en subjektiv mening, når alt kommer til alt er dette fakta. En person kunne ikke delta i et intervju. Det ville imidlertid høres mye mer alvorlig ut hvis det forsterkende utsagnet i begynnelsen av setningen ble utelatt. Setningen kan dermed omformuleres til: "På grunn av sin stramme tidsplan kunne han ikke delta i intervjuet".

Selv om ingen subjektive utsagn ble bekreftet her, er det likevel en hindring for en objektiv diskusjon. Tross alt beskriver ordet "beklagelig" en subjektiv oppfatning som gjenspeiler vurderinger og følelser. Følgelig betraktes en slik uttalelse som en dagligdags evaluering.

Ting kan være mye mer dagligdags når en sak må avklares. Dette handler ikke om en evaluering, men om en objektiv presentasjon av fakta. Derfor har spesielt tilfeldige eller løse evalueringer en uobjektiv effekt. "Selv om det er helt greit å gå fram på denne måten, anbefales det ikke" er ikke i seg selv en evaluering. I stedet er det bare en indikasjon på at dette kanskje ikke er den beste tilnærmingen. Ikke desto mindre høres det usaklig ut, og ved første øyekast ville ingen mistenke at en slik forklaring av begreper ville forekomme i en vitenskapelig artikkel, selv om det skjer ganske ofte. I seg selv er det ikke noe galt med denne setningen, det er bare et hint, men det leses dagligdags, som om et slikt avsnitt kunne finnes i en kokebok. En mye mer praktisk formulering kunne derimot være: "En tilsvarende prosedyre er mulig, men anbefales ikke". Det er ikke lenger noen vurdering involvert, og det leses mye mer seriøst.

Derfor bør dømmende uttrykk og setninger som "Dette svaret var forvirrende", "Samtalen i en gruppe er ubrukelig eller ubrukelig", eller "Materialet var helt ubrukelig" unngås. Mye bedre, nøytrale setninger kan i stedet innlemmes mer seriøst, for eksempel "Svaret var ikke forståelig", "Samtalen i gruppen vil sannsynligvis ikke tilføre noen verdi", eller "Materialet viste seg å være uegnet".

Å snakke om sin egen personlige entusiasme er veldig hyggelig for mange mennesker å lese. Få nyter ikke andres lidenskap og entusiasme. I akademiske tekster er dette imidlertid et svært upraktisk felt. Ens egen entusiasme teller som en subjektiv oppfatning som ikke alle deler. Selv om det ikke uttrykkes tydelig, kan ens egen entusiasme for et prosjekt likevel skinne gjennom i termer, uttrykk og adjektiver. Vanligvis leses dette over veldig raskt, og det er derfor ikke noe problem, men det bør likevel unngås.

Et ofte forekommende eksempel lyder som følger: "Å gå i vår fantastiske barnehage kan uten forbehold anbefales for alle barn". Denne setningen lyder full av entusiasme, men er likevel en vurdering som ikke alle vil være enige i. Et kjennetegn ved vitenskapelige tekster er for eksempel at en undersøkelse av forskningsobjektet eller det generelle temaet skjer fra mange forskjellige perspektiver, slik at det alltid er mulig å snakke om et flertall. Resultatet må være upartisk. Dette er ikke tilfellet med dette eksemplet.

Det er verken saklig eller objektivt hvis det er et uttrykk for personlig entusiasme. Følgende eksempel høres mye mer seriøst ut: "Å gå i denne tospråklige barnehagen kan gi fordeler for interesserte jenter og gutter". Her er teksten klart mer objektiv. I stedet for å bruke konkrete uttrykk taler den for flertallet som har gode erfaringer å vise til.

Det kan være svært vanskelig å innta en nøytral holdning når temaet taler så mye fra hjertet. Spesielt unge studenter liker å bli overveldet av et forskningstema, slik at vanligvis ikke engang med vilje, men subliminalt, dukker deres egen mening opp, som deretter kommer frem i bacheloroppgaven. Følgelig bør det sørges for at så få pronomen som mulig forekommer i dokumentet. "Jeg"- eller "vi"-formen gir ofte en personlig tilknytning. Personlige pronomen bør derfor unngås så langt det er mulig.

For studenter er det viktig å merke seg at det å ha personlige oppfatninger og interesser i et prosjekt er en god ting, da det har vist seg å forbedre arbeidsforholdet, men dette må ikke uttrykkes eksplisitt. Det samme gjelder imidlertid for partiske kilder. Så det handler ikke alltid om studentens mening, kilder kan også alltid lene seg mot en bestemt side. Propagandamateriell, nettsteder eller til og med brosjyrer fra ikke-pålitelige kilder bør derfor unngås. Hvis det refereres til dem, bør ikke kildens rosende eller nedsettende tone overtas i din egen tekst.

Til slutt bør også fyllord unngås. Selv om fyllord gir en tekst et visst uttrykk, noe som kan være ganske positivt, har fyllord ingen videre funksjon i en tekst. De er derfor unødvendige og forlenger bare teksten. I motsetning til hva mange utenforstående mener, bør en vitenskapelig tekst ikke være lang og komplisert. Den er riktignok skrevet i et visst fagspråk som ikke alle har like lett for å lese og forstå, men skrivestilen er likevel kortfattet og profesjonelt oppsummert. Å dra ut en tekst med dette er det siste som gjelder for en vitenskapelig tekst. I stedet presenteres bare den viktige informasjonen.

Fyllord endrer ikke en tekst. Selv uten disse fyllordene er utsagnet fortsatt det samme, og setningen er fortsatt lett å forstå. Adjektiver som "selvfølgelig", "relativt", "regelmessig", "sikkert", "tilsynelatende", "nemlig" og "ganske" bør derfor unngås. Utvidelser som "så å si" er også svært upraktiske. Problemet er at fyllord ikke bare forlenger en tekst unødvendig, men også kan gi inntrykk av at skribenten er usikker på sitt eget standpunkt. Selv om ens egen mening ikke hører hjemme i en vitenskapelig tekst, er det å ta et standpunkt en viktig del av ansvaret. Å virke usikker på dette området er det siste en student ønsker.

Fyllord setter dermed et utsagn i perspektiv. Et eksempel på dette kan være: "Tilsynelatende er resultatet ganske klart, men på en måte må det undersøkes på nytt". Det er ingen selvtillit i denne setningen; i stedet høres uttrykket usikkert og forsinket ut. Eksemplet ville høres mye bedre ut hvis det ble omstrukturert: "Resultatet virker klart, men må likevel undersøkes på nytt". Ikke bare kan den vitenskapelige vektleggingen leses ut her, men det høres absolutt ut som om forfatteren er veldig bevisst på datainnsamlingen sin.

En vitenskapelig tekst bør derfor holdes kort og klar.

Til slutt bør idiomer og metaforer unngås. I en roman eller en fortelling er disse svært velkomne, siden de stimulerer leserens fantasi, men i en vitenskapelig tekst er det akkurat det motsatte som er ønsket. Det er ikke nødvendig å bygge opp en spenningsbue som først flater ut mot slutten. Det er ikke behov for kreative formuleringer eller billedlige forklaringer. Den vitenskapelige stilen, derimot, er klar og nøktern og dermed veldig forskjellig fra en roman eller til og med et magasin. Alle observasjoner bør presenteres på en frittstående måte slik at de kan følges så nøytralt som mulig. Utsagnet må derfor stå i forgrunnen slik at kjernebudskapet i teksten kan forstås. Hvis metaforer og idiomer bringes inn i teksten, høres den ikke lenger saklig eller presis ut, men bare dagligdags.

Hvis for eksempel for mange deltakere dukker opp i en undersøkelse og ikke alle kan aksepteres, bør ordtaket "Den som kommer for sent, straffes av livet", absolutt fravikes. Du kan også lese i noen vitenskapelige artikler av unge mennesker at en omstendighet ville ha en dårlig hestefot. Det ville imidlertid høres mye mer alvorlig ut hvis forholdet ble beskrevet slik det virkelig er: "Dette forholdet har en ulempe som ikke er direkte synlig".

Så elevene bør huske på at de bør strebe etter et saklig uttrykk som ikke bare forekommer i hverdagen. Noen mennesker trenger å lære dette, særlig hvis de kommer fra områder i landet der språket på høyt nivå ikke brukes. Selv om vitenskapen og vitenskapssamfunnet er klar over at alle mennesker i verden snakker forskjellige språk og mange av dem har forskjellige vaner, insisterer den fortsatt på en saklig måte å forholde seg på som først må læres og vedlikeholdes.

Objektivitet spiller derfor en svært viktig rolle i enhver forskers liv, noe som også må være gjenkjennelig i en forskers tekster. Et annet kriterium er imidlertid spesielt viktig å understreke: en vitenskapelig tekst må være tro mot emnet.

Hvis du vil skrive din egen bok om fjerne verdener, kongedømmer og store slag, kan du skrive om hva du vil. Temaene i slike bøker er globale og har følgelig ingen begynnelse og ingen slutt. Innen vitenskapen er det imidlertid annerledes. En vitenskapelig uttalelse må alltid bringes til poenget. En roman utfolder seg som grenene på et stort tre. Mindre og mindre grener, blomster og blader dukker opp og gjør boken til en stor helhet, akkurat som et blomstrende tre om våren. Denne sammenligningen er veldig vakker og billedlig, men den fungerer bare i lange romaner. Vitenskapelige arbeider, derimot, har ikke små grener som kan forgrene seg, og de har heller ikke hjørner eller kanter. I stedet kan en vitenskapelig tekst sammenlignes mye mer med en lang og rett vei. På denne veien er det ingen rundkjøring og ingen forgreninger, bare veiskilt som angir nøyaktig hvilket kapittel du befinner deg i. Alt er nøyaktig strukturert og rett på sak.

Derfor er det viktig å holde seg til ett tema. Det bør også unngås å bruke underkategorier for temaet som det skal arbeides med. Selv om en tekst veldig godt kan strekkes ut hvis det for eksempel fortsatt mangler noen få sider på slutten av bacheloroppgaven, er dette ikke formålet med en vitenskapelig avhandling. I stedet er målet å arbeide med ett enkelt tema og å analysere og deretter beskrive det på grunnlag av datainnsamling. En vitenskapelig tekst må derfor være tro mot emnet. Du må ikke gå rundt grøten, og å gå for langt kan koste deg noen poeng.

En detaljert arbeidsplan eller en god redegjørelse er derfor så viktig for en fagartikkel. Med en skriftlig plan kan temaene følges godt uten å gå helt av sporet. Eksponeringen vil bli beskrevet nærmere i et annet kapittel.

En vitenskapelig tekst må derfor være abstrakt, objektiv og tro mot emnet. Egne meninger hører ikke hjemme i fagartikler, og egen interesse eller uinteresse for et tema bør unngås i størst mulig grad, i likhet med usaklige uttrykk fylt med fyllord og fraser som bare får teksten til å virke usikker og barnslig. Hvis du vil skrive en vitenskapelig artikkel, bør du prøve å skrive korte setninger som går rett til kjernen i analysen av de innsamlede dataene, uten utbroderinger eller forlengelser. Det er bedre at en tekst er litt kortere og at antall ord kritiseres, enn at det samlede uttrykket i teksten gir negative poeng.

STØTTE ARGUMENTASJON

Hva er egentlig en bacheloroppgave? Det er ikke den røde tråden som sikrer at hver del av oppgaven bygger logisk på hverandre, men snarere beskriver bacheloroppgaven en argumentasjon om å knytte sammen og kombinere utsagn og de innsamlede resultatene fra eksperimenter og undersøkelser. Et synspunkt må støttes ved hjelp av logiske argumenter som må være forståelige til enhver tid.

Det er viktig å ikke jobbe objektivt her heller, for i en vitenskapelig argumentasjon er det ikke bare viktig å presentere sitt eget synspunkt, men de motsatte synspunktene må også alltid inkluderes, siden disse fortsatt blir sett på som fakta og ikke som subjektive meninger. Derfor må det alltid beskrives en stor helhet i stedet for bare ett synspunkt. Bare hvis alt virkelig er beskrevet og inkludert i en argumentasjon, kan det sikres at alle kan danne seg sin egen mening basert på de beskrevne fakta.

I bacheloroppgaven er tre grunnleggende prinsipper veldig viktige som hver student bør huske på i begynnelsen. For det første er det mye lettere å skrive en argumentasjon og følgelig en bacheloroppgave hvis materialet er nøye og gjennomtenkt valgt. For det andre er det viktig at ingen motargumenter skjules. Disse bør inkluderes og tilbakevises i en argumentasjon slik at alle synspunkter er gjennomarbeidet. For det tredje bør lange og kompliserte setninger unngås. Et argument skal alltid være lett å forstå. Lange setninger ville tilsløre det egentlige poenget med argumentet.

De som har forstått disse tre prinsippene riktig, er klare til å gå inn i vitenskapelig argumentasjon, men også her må det først tas noen forholdsregler. Før man i det hele tatt kan begynne å tenke på et argument, må man først finne ut hvilke materialer man skal arbeide med. Et vitenskapelig argument er alltid basert på fysiske materialer og ikke bare på enkle tankeprosesser. Det må være fakta som kan underbygges. Disse materialene er empiriske data som er samlet inn under et profesjonelt arbeid og her under bacheloroppgaven, eller de refererer til data fra litteraturområder. I prinsippet kan alt som kan være nyttig for å besvare forskningsspørsmålet, betraktes som materiale. I tyskstudier evalueres vanligvis litteratur, mens det i fysikk og kjemi ofte utføres eksperimenter. Medisin refererer til observasjoner og samfunnsvitenskap til undersøkelser. Så før noen argumentasjon kan tenkes, må materialene først avklares. Det er best om disse materialene diskuteres med professoren eller veilederen på forhånd, fordi ikke alle kilder alltid er anerkjente og pålitelige.

Når det riktige materialet er funnet, må noen hovedspørsmål først avklares. Grunnarbeidet må allerede være gjort før et argument kan skrives. Dette forarbeidet består av et forskningsspørsmål og de riktige hypotesene. Det generelle temaet må avklares, og deretter kan materialene samles inn.

Etter innsamling av materiale kan argumentasjonsmetoden bestemmes. Hvordan skal de innsamlede dataene eller litteraturreferansene brukes? Hvordan skal de analyseres, og hvordan bidrar de til å besvare forskningsspørsmålet? For å avklare dette må studenten stille seg selv følgende spørsmål:

I hvilken retning skal argumentasjonen gå? Hvordan skal materialet analyseres? Hvordan bør argumentasjonen foregå, og hvorfor? Og hva slags analyse kan bevise eller avkrefte ens egen hypotese?

Til syvende og sist spiller det ingen rolle hvilken metode som brukes, men det er viktig at analysen av dataene alltid må fremgå av beskrivelsene. Hvert trinn må være forståelig. For eksempel kan det beskrives nøyaktig hvordan en beregning brukes eller hvilken beregningsmetode som ble valgt i utgangspunktet. Hver detalj, uansett hvor liten, bør beskrives så lenge den passer til emnet og også er viktig nok til å vises i en ekstremt viktig bacheloroppgave.

Innenfor en argumentasjon handler det om å komme frem til det punktet der en hypotese kan tilbakevises og bevises. Men hva er egentlig hypoteser?

Hypoteser

Hypoteser representerer utsagn som er ment å internalisere forskningsspørsmålet i den fagspesifikke oppgaven. Før forskningsdataene i det hele tatt er samlet inn, lages det en enkel erklæring som hele bacheloroppgaven er basert på. Så i stedet for å starte med et spørsmål som begynner med *"hvorfor"* eller *"hvorfor"*, beskriver hypotesen en tankerekke eller et argument som må avkreftes eller bekreftes gjennom innsamling og analyse av data. På slutten av bacheloroppgaven eller en hvilken som helst fagoppgave må en hypotese bli et faktum, enten den er bekreftet eller avkreftet av empiriske data. For dette må det imidlertid foreligge en mengde bevis og tilsvarende fakta. Det er derfor ikke et spørsmål om å definere et forskningsspørsmål på nytt, men snarere om å definere et mål som skal nås. I konkrete termer er dette målet satt i ord, som det til syvende og sist arbeides mot.

Det finnes ulike typer vitenskapelige hypoteser. Tre av dem representerer de fleste som regelmessig brukes i vitenskapelige tekster. Disse tre typene vil bli beskrevet her for å legge grunnlaget for en god argumentasjon.

Den er delt inn i **korrelasjonshypotesen**, **differanseanalysen** og **endringshypotesen**. Disse tre typene representerer hovedtypene av hypoteser.

En korrelasjonshypotese er ment å vise sammenhengen, enten den er positiv eller negativ, mellom minst to kjennetegn. Her ser vi ikke direkte på likhetene, men heller på sammenhengen mellom to situasjoner, objekter eller generelle forskningsobjekter.

Nøyaktig det motsatte er forskjellshypotesen. Dette beskriver hvorfor to grupper, to personer eller to populasjoner generelt skiller seg fra hverandre. I tillegg tar forskjellshypotesen også for seg de eksakte egenskapene og innflytelsen til den avhengige forskjellsvariabelen på forskningstilstanden.

Den tredje typen hypotese er endringshypotesen. I likhet med forskjellshypotesen omhandler denne formen for hypotese forskjeller, men ikke mellom to forskningsobjekter, men snarere hvilket uttrykk en gitt variabel i et enkelt forskningsobjekt viser over tid. En slik variabel kan måles over tid og viser følgelig forskjellen som har oppstått over tid, og dermed en endring.

Disse tre hypotesene er hovedhypotesene som oftest brukes, men det er også visse underkategorier som bør tas opp her. I tillegg til hovedhypotesene finnes det også såkalte **operasjonelle hypoteser**, som gir en svært konkret prognose om utfallet av en forskning eller om resultatet av en undersøkelse, et eksperiment eller en spørreundersøkelse. Ens egen forskningshypotese overføres dermed til den personlige forskningssituasjonen, men det er ikke bare et spørsmål om å komme med en bestemt uttalelse, den må også følges. Operasjonelle hypoteser brukes derfor sjelden, da de er ganske vanskelige å overholde.

To eksempler vil bli brukt her for å vise hvordan en operasjonell hypotese skiller seg fra andre hypoteser. Et eksempel på en forskningshypotese kan være som følger: *Visse helseopplysninger som presenteres i en studie og dermed i en casestudie, viser en mindre til særlig sterk påvirkning i forhold til respondentenes risikooppfatninger enn helseopplysninger som presenteres summarisk og vises i virkelighetsbeskrivelser.*

En operasjonell hypotese kan derimot se slik ut: *Forsøkspersonene som har gjort seg kjent med et helsemagasin i den beskrevne casestudien, vurderer risikoen som mindre eller betydelig høyere enn forsøkspersoner som ikke har gjort seg kjent med nevnte helsemagasin, men som i stedet har lest en oppsummerende beskrivelse av virkeligheten.*

En hypotese handler derfor aldri bare om den generelle formuleringen. En slik formulering er allerede hentet fra forskningsspørsmålet, som er en direkte introduksjon til temaet. Hypoteser, derimot, bekrefter eller avkrefter påstander. De representerer konkret testede undersøkelsesobjekter som omhandler et bredt spekter av faktorer, for eksempel populasjoner som er relevante for et undersøkelsesobjekt eller de ulike mulighetene som kan oppstå i en undersøkelse. En slik erklæring må imidlertid alltid kunne etterprøves. Hvis hypotesen ikke kan besvares, kan det aldri oppnås forståelige resultater. Et av hovedkriteriene beskriver derfor falsifiserbarhet. En hypotese må enten kunne bekreftes eller avkreftes. I tillegg brukes vitenskapelig språk her, noe som igjen betyr at alle utsagn, og dermed selvfølgelig også hypotesene, bør være korte, konsise og dermed presist formulert.

Den skriftlige strukturen til en hypotese må også avklares. Siden det dreier seg om fakta, uansett hvilken form hypotesen har, bør visse formuleringer som innebærer et ullent uttrykk, unngås. Disse relativiserende ordene kan for eksempel være *sjelden, regelmessig* og *hyppig*. Dette er tross alt ikke fakta, men disse uttrykkene antyder snarere tilfeldigheter, som ikke er velkomne innen empiriske vitenskaper.

Den faktiske argumentasjonen kan bygges på hypotesene som nå er opprettet. Argumentasjonen består av analysen, som vil bli beskrevet nærmere i et senere kapittel. Analysen beskriver evalueringen av de innsamlede dataene. Dette danner bevisgrunnlaget for enhver argumentasjon. Et utsagn kan bare fremsettes med bevis, og derfor bør elevene alltid henvise til personlige funn i sin egen argumentasjon. Når det gjelder evaluering av litteratur, er dette selvsagt vanskelig. I så fall må det tas nøye hensyn til betydningen av en annen persons uttalelser, men hvis man utfører sitt eget eksperiment, som det deretter skal skrives en bacheloroppgave eller annen teknisk artikkel om, er det ugunstig å henvise til bevisene fra et annet eksperiment, selv om dette er nøyaktig det samme eller har de samme resultatene.

Egne erfaringer har alltid en mye høyere verdi enn andres erfaringer, i hvert fall når man skriver en vitenskapelig artikkel om egne funn. Kanskje en metode i en undersøkelse av et annet team kan styrke ens egen uttalelse. Det kan skje, men det har ingen verdi. Selv om utformingen kan være helt lik og resultatene også kan være like, er to forskjellige undersøkelser likevel ikke en gyldig sammenligning, for selv om hvert eksperiment eller hver test må kunne utføres på nytt, trenger ikke resultatene å være hundre prosent korrekte. De kan variere i de minste detaljer. Hvis arbeidet til en annen person nevnes i ens eget profesjonelle arbeid, bør det ikke refereres for sterkt til dette.

Å nevne store navn kan få ens eget arbeid til å framstå som mer seriøst, men på samme måte kan det også få en til å framstå som usikker hvis det ikke legges tilstrekkelig vekt på ens eget arbeid. Det er derfor best å argumentere bare om egne resultater.

Mest suksess kan registreres hvis dette gjøres kort og presist. En bacheloroppgave har vanligvis rundt ti tusen ord. Dette kan virke mye for noen, særlig hvis de ennå ikke har erfaring med å skrive så lange tekster. Mange prøver derfor å skrive så mye som mulig og gjør også sine egne setninger lengre med mange detaljer og utsmykninger. Selv om dette får teksten til å virke lengre, gir det deg likevel ingen poeng.

Det er derfor viktig for alle studenter at det i en faglig argumentasjon med et saklig og konsist språk bare refereres til de funnene som bidrar til å besvare forskningshypotesen.

FOREDRAG OG KRITIKK

Henvisning til kilder

Hvis det imidlertid henvises til andres arbeider, for eksempel hvis et forhold må forklares nærmere, er det viktig å behandle disse dataene med respekt.

Korrekt henvisning kan ikke sammenlignes med sitering. Det er nær et indirekte sitat, men likevel helt annerledes. Å referere betyr å sammenfatte og gjengi visse data. I skolen betyr dette en presentasjon, men på universitetet gjøres dette på et nytt nivå. Mens det i avgangsklassene legges vekt på at elevene skal gi så detaljerte og lange presentasjoner som mulig, er dette redusert til et minimum i spesialistoppgavene. Selv om et sammendrag må være detaljert, ellers kan ikke alle viktige detaljer inkluderes, sier det veiledende prinsippet at presentasjonen av målingene likevel må være så kortfattet og presis som mulig.

Referering er altså en detaljert gjengivelse av en lesning med egne ord, med en rekke sitater. Fakta må gjengis på en forståelig måte uten å endre presentasjonen av forfatterens tankeprosesser. Et slikt sammendrag må derfor være presist, slik at det ikke er absolutt nødvendig å lese originalen.

Men hvordan kan dette være tilfelle? En persons utsagn kan forstås på forskjellige måter, og hvis du ikke har hatt en personlig samtale med forfatteren, vil du aldri kunne fastslå om utsagnet virkelig ble forstått hundre prosent slik forfatteren ville ha ønsket. Likevel, for å komme så nær nøyaktigheten til en uttalelse som mulig, kan elevene stille seg selv noen viktige spørsmål, og svarene på disse kan hjelpe dem med å skrive et perfekt sammendrag av andres arbeid.

Disse spørsmålene begynner veldig enkelt. **Hvem er forfatteren?** Det er vanligvis tilstrekkelig å nevne etternavnet. Dette må vises i den løpende teksten uten en direkte henvisning til kilden, for eksempel i parentes, noe som ville vanskeliggjøre leseflyten. I stedet må en slik henvisning gis enten i direkte sitater eller i litteraturlisten på slutten av teksten; fotnoter er en annen mulighet. På noen forskningsområder har det likevel blitt vanlig å plassere forkortede kildehenvisninger direkte i teksten i parentes, for eksempel navn, publiseringsår og tilhørende sidetall. Det er ikke nødvendig å skrive ut hele navnet, og høflig tiltaleform bør også utelates.

Men så blir det litt mer komplisert å svare på spørsmålene. **Hva er forfatterens mål?** Ønsker forfatteren å gjøre sin egen mening kjent for offentligheten? Er målet å opplyse andre mennesker? Eller er det en direkte kritikk av et forskningstema? Så her må det avklares hva forfatteren faktisk sikter til. Det handler ikke engang om innholdet nøyaktig, men om det faktiske målet og effektiviteten som dermed gis til denne kilden.

For å holde oss til forfatteren, må spørsmålet stilles i hvilken sammenheng verket faktisk står. **Hva er konteksten for innholdet her?** Gir utsagnene i det hele tatt noen generell mening? Og hvordan kan utsagnene forstås? Spørsmålet her er hva forfatterens intensjoner var. Dette kan bidra til å forstå forfatterens tanker bedre.

Deretter vil vi se på de generelle problemstillingene bak lesingen. Dette innebærer å stille noen svært eksplisitte spørsmål om en kilde. **Hvilken problematikk står i fokus?** Hvilke problemer kan utelates, og hvilke er derfor ikke viktige eller av mindre betydning? Hvilke tilnærminger foreslås og hvilke uttalelser gis om løsningen på problemet? Og til slutt må man også spørre seg om det aktuelle problemet i det hele tatt er relevant, for ikke alle problemer har høyeste prioritet.

Her dreier det seg helt klart om innholdet. Før du i det hele tatt tenker på å bruke en kilde i ditt eget sammendrag, må innholdet først avklares, og dette skal ikke bare passe til temaet for bacheloroppgaven, men også støtte hypotesen. Så hva refererer forfatteren egentlig til når det gjelder innhold, og hvor alvorlig behandles problemet her?

Når innholdet er begrunnet og man har gjort seg kjent med det, bør man nå fokusere på dokumentets struktur. Ikke alle kilder er laget for å vises i andres akademiske tekster. Det er viktig å spørre seg om forskningsspørsmålet er formulert på en meningsfull måte, eller om det allerede finnes de første tegnene på at denne kilden kan være uegnet, selv om innholdet kan passe til ens eget prosjekt.

Er alle forutsetningene forklart som ikke bare er nødvendige for å løse problemet, men som også er nødvendige for at det beskrevne problemet i det hele tatt oppstår? Er det gitt en detaljert begrunnelse for hvorfor man har valgt de metodene og kildene som fremkommer i lesningen, og gir resonnementene bak dem noen mening i det hele tatt? Er det sammenhengende eller avledet av personlige preferanser? Det må også spørres om argumentasjonen i det hele tatt er sammenhengende i forhold til de innsamlede dataene.

Selv om det virker som om en annens tekst blir plukket fra hverandre, er dette et svært viktig skritt for å finne ut om kildene i det hele tatt er nyttige. Hvis det allerede er feil i originalen, eller hvis originalen ikke er beskrevet eller begrunnet på en seriøs måte, vil ikke ditt eget prosjekt, din egen bacheloroppgave, bli ansett som seriøs og profesjonell av andre mennesker. Ikke bare må innholdet være riktig, men et viktig tema beskriver den generelle strukturen og også forfatterens skrivestil. **Er alle kriteriene som allerede er beskrevet i denne boken om profesjonalitet og objektivitet, krysset av?**

Hvis skrivestilen passer ens egen stil og forklaringene i originalen ser ut til å gi mening, kan man nå gå videre til selve dataevalueringen. Et problemsøk gir også alltid resultater eller i det minste konklusjoner om hvordan man kan tilnærme seg et problem. **Er disse konklusjonene i det hele tatt rasjonelle?** Kan resultatene anses som relevante, og er de praktisk gjennomførbare?

Det kan være mange tilnærminger til et tema, men ikke alle virker fornuftige. Som et eksempel kan nevnes et svært fremtredende tema i hverdagen til spesielt unge mennesker. Miljøforurensning skaper problemer for alle, men det finnes fortsatt ingen reell løsning. Selvfølgelig ville det være mye bedre om ikke mer avfall ble kastet i havet, men hvor skal avfallet ellers havne? Deponier blir etter hvert overfylte og det minste brytes ned i jorden. Men du kan heller ikke brenne avfallet, for det vil bare skade ozonlaget enda mer. Så hvis eksemplet som gis her som en løsning er at det ganske enkelt ikke skal kastes mer avfall i havene, er dette fint, men absolutt ikke praktisk gjennomførbart. Konklusjonen er derfor ikke relevant. Så selv om innholdet er riktig eller det tas opp problemer som er svært viktige, er det de siste setningene som teller.

Til slutt er det bare ett spørsmål igjen å besvare, og det er om konklusjonen i det hele tatt er relevant for vitenskapen. Bare det viktigste hører hjemme i et teknisk dokument. Siden skriving må være spesielt kortfattet og presis, kan det også antas at hver teknisk artikkel er svært viktig for vitenskapen. Hver forsker er viktig, selv om det ikke fører til banebrytende suksesser. Ikke alle vitenskapelige kilder er imidlertid fortsatt relevante etter at det har gått en viss tid. Konklusjoner som ble trukket for flere tiår siden, har sjelden noen relevans i dag. **Hvordan spiller kildehenvisningen sammen med dagens svært relevante rapporter og dokumenter som virkelig betyr noe?** Når to kilder sammenlignes, har de samme verdi, eller kan en av kildene anses som mer betydningsfull? Hvis det er tilfelle, bør denne kilden frarådes. Bare det beste er akkurat godt nok for noe så viktig som en bacheloroppgave.

Å kritisere i en diskusjon

Referanser er derfor en svært viktig metode i fagartikler og vitenskapelige tekster på fagområder der det ikke kan utføres eksperimenter som gir egne, relevante resultater. Innenfor samfunnsvitenskap og humaniora henvises det for eksempel svært ofte til beskrivelser som deretter havner i rapporter. Noe lignende er regelen innen sosiologi, utdanning og historie. Spesielt i historien har vi å gjøre med tidligere epoker som ikke uten videre kan gjenskapes. Innenfor egyptologien kan det ikke utføres eksperimenter, og når det gjelder den tidlige antikken, er det umulig å få egen innsikt gjennom egne tester. Så her er det viktig å evaluere litteratur og lese skriftene til forfattere som allerede har behandlet dette emnet.

Innhenting av informasjon læres i svært tidlig alder i skolen, men kritikk blir sjelden tatt opp. Innen vitenskapen foregår innsamlingen av informasjon på en objektiv måte. Ingen endringer kan gjøres, og ens egen mening har svært liten plass på nesten alle områder. Likevel er det lov å kritisere. Dette gjøres i form av en diskusjon, som skrives separat fra bacheloroppgaven, og en konklusjon, som beskriver slutten på det profesjonelle arbeidet.

Diskusjonen av egne resultater er en av de viktigste delene av bacheloroppgaven eller en hvilken som helst fagoppgave. I denne delen diskuteres ens egne forventninger, og ens egne resultater blir ikke bare tolket, men de blir også evaluert og dermed vurdert. Dette er et godt sted å sette ord på din egen mening.

En diskusjon er delt inn i fire deler. I sammendraget av alle resultatene, i tolkningen av resultatene, i avgrensningen av forskningen og i anbefalingen om videre forskning.

Dette er en fortolkende tilnærming. Konklusjonen i en bacheloroppgave skal være kort og poengtert, men i en diskusjon behandles resultatene og funnene mye mer detaljert. Lengden på denne delen avhenger selvfølgelig av omfanget av den faktiske avhandlingen, men bør ikke overstige tjue prosent av avhandlingen. Selv disse tjue prosentene kan betraktes som for lange. Den bør derfor holdes under denne verdien.

Ikke bare er tilnærmingen fortolkende, men studien blir også evaluert. En evaluering er en vitenskapelig vurdering basert på fakta og omstendigheter. Den er klart mer objektiv enn subjektiv, men kan også inneholde subjektive trekk og egenskaper. Følgende kjennetegn må være til stede i evalueringen: 1) Egne forventninger må avklares. Dette gjør det mulig å beskrive hvordan forskningen ble tilnærmet, hva som var de avgjørende årsakene til de opprinnelige forventningene og hvordan disse endret seg i løpet av forskningen. På denne måten beskrives også årsaker til og konsekvenser av resultatene som endret personlige synspunkter; 2) Ens egne resultater må tolkes. Dermed plasseres de innenfor forskningsstatus; 3) Innenfor denne forskningsstatus må mulige begrensninger og restriksjoner for forskningen avklares, hvis den bare refererer til et lite delområde eller hvis resultatene forklarer at forskningen ikke kan brukes overalt; 4) Viktigst er imidlertid de mulige forbindelsespunktene som oppstår i forskningen. Forskerens egne resultater gir mest informasjon. Bare forskeren, og i dette tilfellet studenten, kan komme med forslag til fremtidig forskning og hvordan resultatene skal håndteres.

I sammendraget av alle resultatene, også kalt resultatdelen, er alle forskningsresultatene oppført i detalj. Disse resultatene er klassifisert i henhold til hypoteser eller emner. Disse kan underbygges med sitater fra deltakerne i deres egen forskning eller med visualiseringer.

Selv om skrivingen skal være detaljert, er det bare et kort sammendrag av alle relevante resultater i begynnelsen av diskusjonsdelen. Problemet bør også nevnes igjen, selv om det allerede er forklart i innledningen til det tekniske dokumentet. Gjennom denne gjentakelsen kan dermed også forskningsinteressen formuleres. Grunnen til at bare et kort sammendrag skal skrives her, er at resultatene ble samlet i løpet av bacheloroppgaven. Så alle som leser avhandlingen vil allerede ha lest resultatene. Et kort sammendrag er derfor tilstrekkelig i begynnelsen av diskusjonen. Ellers ville det bare være unødvendige gjentakelser, noe som ville gi leseren en følelse av å ha lest nevnte tekstavsnitt før.

Tolkningen av resultatene bør derimot skrives mye mer detaljert. Dette handler om hvorvidt alle forventningene ble innfridd, eller om noen av disse forventningene ikke ble innfridd. Disse forklaringene kan være basert på litteraturen som brukes, men de som jobber bedre med egne tanker, kan også beskrive denne forklaringen ut fra egne logiske betraktninger.

En viss ramme er lagt for ens egen bacheloroppgave gjennom introduksjonen. Dette rammeverket er basert på teoriene, forskningsspørsmålene og hypotesene. I tolkningen av resultatene bør det beskrives nøyaktig hvordan resultatene passer inn i dette selvskapte rammeverket. Det bør også angis hvordan resultatene som er funnet og nye resultater passer inn i emnet i det hele tatt, eller hva disse innsamlede dataene gjør med emnet. Her må alle muligheter utforskes. Hva ble egentlig funnet ut? Representerer resultatene en banebrytende suksess som bringer med seg helt nye forskningsfelt og forskningsideer, eller er resultatene snarere en overføring av fakta som allerede er funnet ut?

Så hvordan kan vi jobbe med disse dataene i fremtiden? Er det mulig å finne ut mer ut fra disse resultatene, eller beskriver de bare det som allerede finnes?

De såkalte begrensningene representerer restriksjonene. Her må det tas opp om forskeren har støtt på begrensninger i sin egen forskning. Selvfølgelig må det også beskrives hvilke effekter disse begrensningene har på resultatene. Dette bør brukes til å beskrive alt som gjorde innsamlingen og/eller analysen av dataene vanskeligere. Dette kan også være enkle marginalnotater. Til slutt er det noen ganger slik at det må være visse grenser og begrensninger for i det hele tatt å komme fram til et endelig resultat. Hvis dette er tilfelle, bør dette absolutt skrives ned, ellers er de innsamlede verdiene ikke gyldige.

Her kan det angis om spørsmål har forblitt åpne eller hvordan komplikasjoner må håndteres i fremtidig forskning på grunnlag av resultatene. Bare fra dette kan man endelig lære og erfare at selv forskning av store forskere aldri er uten grenser eller til og med enkel, kan gi spesielt studenter det motet de kanskje mangler.

Likevel bør man selvfølgelig være forsiktig med å snakke helt ned sin egen forskning. Hensikten er ikke å oppsummere alle problemer, uansett hvor små de er. Det er for eksempel ikke nødvendig å beskrive et sultanfall eller utmattelse. Det er ikke nødvendig å beskrive hver eneste lille feil. Tross alt må du tenke på disse før du starter din egen forskning. Med riktig eksponering kan man for eksempel forvente at det oppstår problemer. Dette vil imidlertid bli behandlet i et annet kapittel.

Det siste underavsnittet i diskusjonen beskriver anbefalingene for videre forskning. Selv om dette allerede er dekket litt i de andre avsnittene, er det viktig at et helt avsnitt er viet dette temaet. Anbefalinger for videre forskning er viktige fordi ingen kan si nøyaktig hvem som vil lese den vitenskapelige teksten. Det kan hende at forskningen vil bli sett tilbake på igjen om hundrevis av år. Antikkens vitenskapsmenn eller filosofer ga for eksempel ingen konkrete anbefalinger om hvordan de innsamlede dataene skulle håndteres i fremtiden. Dette ville ha hjulpet betraktelig i de følgende årtusener. For å forenkle de vitenskapelige underfeltene litt for fremtidige generasjoner, kan det også gis personlige anbefalinger i denne delen av diskusjonen.

Hvordan kan andre forskere bygge videre på deres egen forskning? Og hvilke utgangspunkter kan det være for videre forskning?

Det bør imidlertid unngås å påpeke at det er behov for ytterligere forskning. Det bør ikke være et mål at andre mennesker, andre forskere og vitenskapsmenn skal komme opp med tilleggskomplementer til andres arbeid. I stedet bør det dreie seg om noen helt konkrete forslag til uavhengig forskning utført av andre forskere. Så ens eget arbeid bør tjene som en veiledning for andre og ikke som et direkte grunnlag. På denne måten kan ens egen forskning hjelpe andre forskere, selv om man ikke selv er involvert i den.

Diskusjon er dermed et middel til å gi et teknisk dokument et personlig preg. Normalt er vitenskapelige metoder svært objektive. Ens egen mening har derfor ingen plass i vitenskapen, men selv de mest vellykkede forskerne er klar over at forskning ikke kan fungere helt uten ens egen mening, uten personlige tanker. Diskusjonen gir derfor forskerne en mulighet til å skrive ned sine egne tanker. Det er et viktig skritt å bli kjent med personen bak en forskning og ikke bare se resultatene.

Konklusjonen

En diskusjon er derfor viktig for å representere alle synspunkter, mens konklusjonen representerer høydepunktet i bacheloroppgaven. Alle viktige resultater er kortfattet oppsummert og presentert her. Derfor nevnes bare konklusjoner og informasjon som forekommer i løpet av brødteksten. Ny informasjon som ikke engang ble nevnt i det tekniske dokumentet, må ikke inkluderes her.

Konklusjonen er direkte knyttet til innledningen, der forskningsspørsmålene og hypotesene ble beskrevet. Det handler ikke bare om å avklare eventuelle spørsmål som fortsatt kan være åpne på slutten av den akademiske teksten, for eksempel å svare på hypotesene, men det handler også om å etterlate et varig inntrykk. En konklusjon avrunder til slutt en bacheloroppgave. Siden dette skjer på slutten av teksten, avhenger lengden på dette avsnittet av omfanget, men bør likevel holdes kort. En konklusjon er vanligvis bare fem til ti prosent av den faktiske lengden. Hvis dette avsnittet er lengre, kan det reise flere spørsmål enn det faktisk besvarer, og dette skal unngås her.

I likhet med kildehenvisninger er konklusjonen et sammendrag. Også her oppsummeres fakta, men i motsetning til referanser kan det ikke tas med sitater eller eksempler i dette korte avsnittet, selv om det er en gjentakelse av sitater som allerede er skrevet ned. Disse har blitt beskrevet i detalj tidligere og har følgelig ingen plass i en konklusjon, ikke engang for å få dokumentet til å virke lengre.

Det må også sies at de evaluerte resultatene av ens egen forskning ikke alltid samsvarer med ens egne forventninger. Derfor er det viktig å formulere et presist forskningsspørsmål på forhånd, der svaret kan brukes på mange måter. Resultatet av vitenskapelig forskning er alltid verdifullt og bør behandles deretter. Dette kan også skrives ned i form av hvordan det oppnådde resultatet kan håndteres i fremtiden.

Oppbyggingen av en konklusjon er svært enkel. Presentasjonen av de viktigste resultatene fører til et sammendrag av alle konklusjonene fra diskusjonen og til slutt til svaret på forskningsspørsmålet. Hele strukturen er dermed holdt svært kort, akkurat som antall ord i konklusjonen bør være.

Til slutt bør det her påpekes hva som er forskjellen mellom en konklusjon og en diskusjon. Mens en konklusjon er kort og konsis og dermed et sammendrag av all informasjonen som til slutt førte til resultatet, er diskusjonen en tolkning med en svært detaljert behandling av alle resultatene. Det er også en evaluering, dvs. en vurdering snarere enn en samlet presentasjon, som ikke gir rom for eksempler og ny informasjon. Så selv om det er veldig store forskjeller her, er disse to delene av en bacheloroppgave veldig i tråd med hverandre. Det bør settes av tilstrekkelig tid til begge deler, ettersom disse to delene ofte etterlater et varig inntrykk, som kan være enten positivt eller negativt. Spesielt her kan det oppnås høye poengsummer.

Når det refereres til og kritiseres i en bacheloroppgave, skrives det alltid i presens. Beskrivelsen av egen forskning, dvs. tilnærmingen til den, er imidlertid skrevet i fortid.

SITAT KORREKT

I skolen er det sjelden å sitere aktivt eller å henvise til ulike forfattere i det hele tatt. For det meste er det bare snakk om å skrive en innledning der forfatterens navn nevnes for å gi i det minste en grov oversikt. Dette endrer seg i løpet av studiet.

Korrekt sitering er grunnlaget for vitenskapelig arbeid og derfor også for vitenskapelig skriving. I utgangspunktet er det viktig å alltid angi når innhold eller utsagn i et dokument er overtatt fra en annen person. En nøyaktig kildehenvisning er derfor svært viktig, men en slik henvisning i litteraturlisten er ikke tilstrekkelig. Selv om det bare er snakk om å gjengi et utsagn på en lignende måte slik at meningsinnholdet forblir uendret, må forfatteren navngis i dokumentet. Det er imidlertid en forutsetning innen vitenskapelig skriving at skriveflyten ikke avbrytes. I stedet for å henvise til bibliografien eller kildelisten, må det gjøres kildehenvisninger.

Her kan man velge mellom et direkte og et indirekte sitat. Disse to typene sitering vil bli forklart i detalj her. Før du gjør det, må det imidlertid sies at det alltid er veldig praktisk å rådføre seg med læreren, professoren eller veilederen på forhånd om hvilken type som skal velges.

Også her er det absolutt preferanser fra evalueringspersonenes side, noe som kan gi en positiv evaluering her.

Direkte henvisning

La oss begynne her med det direkte sitatet.

Det direkte sitatet kan sammenlignes med direkte tale på tysk. Denne typen sitat brukes alltid når det er snakk om å gjengi eller bruke den eksakte ordlyden til en annen person. Når du siterer en kilde, må de nøyaktige ordene oppgis. Stavemåten til kilden må derfor stemme nøyaktig. Dette betyr blant annet at stavefeil, grammatiske feil eller til og med en gammel stavemåte må stemme overens. Ingenting kan endres. Det kan imidlertid gjøres endringer hvis endringene plasseres i hakeparenteser. Dette skjer vanligvis når sitatet ikke passer grammatisk med resten av setningen.

Innenfor direkte sitering er det to metoder som kan brukes. Også her er det et spørsmål om preferansen til den som til syvende og sist kontrollerer og evaluerer arbeidet. Det skilles mellom **Havard-systemet** og den **tyske siteringsmetoden**. Her er det særlig viktig hvilket studieprogram som tas. Havard-siteringssystemet omtales også som det amerikanske siteringssystemet, ettersom det ble utviklet av det amerikanske eliteuniversitetet Harvard. Følgelig er denne måten å sitere på spesielt vanlig og velkjent i engelsk språkbruk og følgelig også i engelskbaserte studieretninger, men denne metoden brukes også ofte i samfunnsvitenskap og økonomi, som omhandler svært internasjonale emner.

I motsetning til det tyske siteringssystemet brukes Havard-systemet så ofte og så lett fordi det er et veldig kort system. I stedet for å oppgi en fullstendig kildehenvisning direkte i sitatet, slik tilfellet er på tysk, brukes her bare forfatter og årstall. Den faktiske kildehenvisningen inkluderes deretter i litteraturlisten. På denne måten blir ikke skriveflyten avbrutt i like stor grad som når mye tilleggsinformasjon legges til.

Havard-siteringsmetoden beskriver dermed en kort referanse som ikke bruker fotnoter. Det er flere måter å innlemme denne metoden i en tekst på. Harvard-systemet kan innlemmes på slutten av et direkte eller indirekte sitat, men også midt i en setning hvis sitatet endres indirekte. Det er også viktig å vite at navnet på forfatteren eller forfatteren av kilden ikke trenger å vises igjen i sitatet og dermed i parentesene hvis det allerede er brukt i teksten. Et eksempel kan være: *Ifølge forfatteren av teksten er himmelen blå.* I dette eksemplet er det tilstrekkelig å beskrive årstallet i kildehenvisningen.

Det er klart at kildehenvisningen alltid er en del av setningen og derfor må inkluderes i den. Derfor er det alltid et punktum etter kildehenvisningen i parentes. I utgangspunktet er følgende egenskaper viktige for en kildehenvisning i Harvard-sitasjonsstilen: forfatterens navn, publiseringsår, ofte med et tilleggstall for måneden hvis det gjelder nylig publiserte kilder, og også sidetallet, som ofte utelates for kapittelnavn og også for internettkilder.

Videre må kildehenvisningen være i samsvar med litteraturlisten. Det handler ikke bare om den nøyaktige informasjonen, men også om rekkefølgen på egenskapene.

Dette står i kontrast til den tyske siteringsmetoden, som er mye mer detaljert i samsvar med tysk byråkrati. Med Harvard-siteringsmetoden er det fullt mulig at kilder ikke kan identifiseres korrekt fordi ikke alle kjennetegn og egenskaper ved dokumentet er til stede. Dette garanteres imidlertid av den tyske siteringsmetoden. Denne typen henvisning, også kalt Chicago-stil, omhandler fotnoter, som plasseres nederst på siden. Men som ofte er tilfelle i tysk byråkrati, virker denne stilen veldig detaljert og følgelig akademisk profesjonell, men det kan også fort bli forvirrende og vanskelig hvis du må hoppe frem og tilbake mellom selve teksten og fotnoten. Spesielt for lesere som ikke er vant til denne skrivestilen, er dette selvfølgelig ikke lett i begynnelsen. Det kan noen ganger ha en negativ innvirkning på leseflyten i en teknisk artikkel, men dette er den gammeldagse måten å sitere på. Så alle som må slite med en gammeldags professor eller veileder i studiene, vil absolutt få poeng med denne siteringsstilen.

Det er imidlertid heller ikke enkelt å bare administrere fotnoter. Ikke bare er kildereferansene beskrevet i detalj her, slik tilfellet er i litteraturlisten, men det kan også legges til ytterligere notater og kommentarer. Dette gjør denne stilen spesielt detaljert. Det er ikke uvanlig at selve teksten bare dekker halve siden, ettersom resten fylles med kildehenvisninger og noter i bunnteksten.

Siden den tyske henvisningen ikke vises i den løpende teksten, må henvisningen markeres på en annen måte. Tross alt er dette spesielt viktig fordi det ellers vil bli ansett som plagiering, og plagiering straffes ikke sjelden hardt, spesielt i en bacheloroppgave. Derfor må sitatet fortsatt merkes. Dette gjøres med fotnoter.

Også her må hele sitatet kopieres og skrives ned korrekt, siden det til syvende og sist fortsatt er et sitat og dermed en direkte henvisning til andres arbeid. I den tyske siteringsmetoden etterfølges hvert sitat av et opphøyd annotasjonsnummer. Dette merknadsnummeret beskriver fotnoten som kan slås opp. Dessuten er disse numrene fortløpende; de begynner ikke på nytt på *1 på* hver side. I stedet tildeles et nytt merknadsnummer til hver henvisning. Følgelig er det tilstrekkelig med en kort note hvis en kilde brukes to ganger, eller hvis det henvises til den samme kilden igjen i et annet avsnitt. Det er derfor ikke nødvendig å skrive ned en kildehenvisning som allerede er svært detaljert flere ganger.

Faktisk er det heller ikke uvanlig at man finner et kompromiss. Det kan tross alt være ganske komplisert å avbryte lesestrømmen for å lete etter en kilde i bunnteksten og deretter fortsette der leseren slapp. Slik at vanskeligheten bak dette ikke er så stor, hender det ofte at et mellomstort bevis blir gitt ved hjelp av en bunntekst. Vanligvis brukes forkortelsen *jf. for* dette for å gi et grovt innblikk i stedet for å arbeide med en linje lang bunntekst.

Indirekte henvisning

I tillegg til et direkte sitat finnes det imidlertid også et indirekte sitat. Dette indirekte sitatet blir faktisk sett på som mer å foretrekke enn motstykket. Dette skyldes at en teknisk artikkel, og dermed en bacheloroppgave, stiller spørsmål ved kunnskapen som er oppnådd. Hvis en vitenskapelig tekst inneholder et spesielt stort antall direkte sitater, kan man anta at det faktiske emnet ikke ble forstått fullt ut, eller at teksten bare er ment å forlenges. Indirekte sitater er derfor mye mer å foretrekke, som beskriver betydningen av en annen persons ord.

Også her kan indirekte sitering sammenlignes med indirekte tale. Det handler derfor om å beskrive innholdet med egne ord. Dermed kan den ikke bare skrives mye mer detaljert, men den kan også forkortes etter ønske. Uinteressante aspekter kan også utelates.

Ikke desto mindre er referansene spesielt viktige. Disse er imidlertid ikke beskrevet i detalj. Siden innholdet allerede er gjengitt i ånden, er det ikke behov for en slik detaljert referansebok. Dette er bare til stor nytte hvis en enkelt setning siteres direkte; følgelig kan en viss kontekst ofte mangle. Dette er ikke tilfelle når ordlyden i et helt avsnitt er gjengitt tilsvarende. En kildehenvisning innledes derfor med *jf.*, dvs. med *sammenlign*. Dette indikerer i det minste hvem de opprinnelige ordene stammer fra. I tillegg må det gjøres klart at følgende ord eller setninger er en fremmed uttalelse. Dette kan innføres på mange forskjellige måter. For eksempel er det populært å skrive utsagnet i konjunktiv etter at forfatteren er navngitt.

Også her skilles det mellom det tyske siteringssystemet og Harvard-siteringssystemet.

Disse to systemene er de mest brukte siteringssystemene i en vitenskapelig artikkel, men dette er ikke det eneste tilfellet. Totalt er det seks systemer som kan brukes. Imidlertid er ikke alle av dem virkelig nyttige.

I tillegg til Chicago-siteringen, dvs. det tyske siteringssystemet, som særlig finnes i antropologi, historie, kunst og litteratur, og Harvard-siteringen, som finnes i praktisk talt alle disipliner, er det MPA-siteringen. *American Psychological Association citation* brukes innen psykologi, men også innen samfunnsvitenskap og naturvitenskap. MLA, *Modern Language Association, er derimot* hjemme i lingvistikk og litteraturstudier, *Council of Science Editors, CSE*, brukes innen biologi, og det tyske Normsystem, som skiller seg fra den tyske siteringsmetoden ved at det er en kort henvisning uten fotnoter, kan brukes i nesten alle vitenskapelige dokumenter.

Mange av disse metodene ligner hverandre, og noen er til og med vanskelige å skille fra hverandre. De fleste av dem representerer imidlertid korte siteringsmetoder, som ofte mislikes av professorer. De to første siteringssystemene representerer dermed normen.

I utgangspunktet spiller det ingen rolle om man bruker den tyske siteringsstilen eller Havard-systemet. Det spiller heller ingen rolle om det brukes indirekte eller direkte henvisning. Det er imidlertid viktig at du ikke bare veksler mellom disse metodene i løpet av skriveprosessen. Når en stil er valgt, må den opprettholdes slik at den vitenskapelige teksten til slutt fremstår som konsistent.

Oppgaven med å ta beslutninger blir ofte tatt fra elevene av lærerne. De gir vanligvis eksempler som kan brukes som veiledning. Hvis det allerede kan sees der hvilken stil som foretrekkes, bør den holdes fast, men det er fortsatt studentens personlige beslutning hvilken metode som passer den personlige skrivestilen bedre. Spesielt siden det også må tas hensyn til hvilken metode som krever minst tid. Tidsstyring er tross alt et spesielt stort problem innen profesjonelt arbeid.

SKRIFTLIGE HINDRINGER

Å skrive et stykke arbeid innebærer ofte mye angst. For mange mennesker representerer det slutten på en reise eller et viktig skritt inn i noe enda større. I tråd med denne viktigheten ønsker selvfølgelig ingen å ta en risiko, men å levere det best mulige resultatet. Dette er imidlertid ikke lett.

I tillegg til vanskeligheter med det generelle temaet for en avhandling eller bachelorgrad, kommer de fleste problemene fra det faktum at studentene setter seg selv under mye psykologisk press. Mange studier har vist at selve skrivingen av avhandlingen bare tar omtrent ti prosent av den totale tidsbruken. De resterende nitti prosent av denne tiden tilbringes definitivt innenfor forskningen, men det meste skjer i hodet. Psyken tar opp en stor del av denne tiden.

For mange er det vanskelig å skrive en avhandling fordi de ikke har fått god nok opplæring i dette i løpet av studiet. Det er bare noen få kontaktpunkter for studenter som nettopp har begynt å skrive avhandlingen sin. For dem representerer bacheloroppgaven vanligvis noe helt fremmed. Disse personene var absolutt klar over fra begynnelsen av at de måtte skrive en slik avhandling på et eller annet tidspunkt i løpet av studiene, men de ble aldri ordentlig forberedt på det. Dette skaper en særlig stor frykt.

Frykten for det fremmede og ukjente er utbredt i menneskeheten. Dette skyldes at ingen kan si nøyaktig om det ukjente er positivt eller negativt. Det ødelegger den kjente ordenen som folk er så besatt av. Gjennom århundrer og årtusener har folk lært seg å komme overens med denne ordenen og tilpasse seg den. Når denne rekkefølgen endres på en gang, og særlig med utilstrekkelig forberedelse, fremkaller det ofte den samme reaksjonen hos mange mennesker: frykt. Denne frykten dekker mange forskjellige problemer. Frykten for det ukjente omfatter for eksempel det å få ny innsikt og ny kunnskap. For studentene betyr denne tankegangen at de er redde for at forskningsprosjektet deres ikke inneholder riktig litteraturforskning og derfor kan bli vurdert av professorer som verdiløst og/eller uholdbart.

Frykten for å mislykkes spiller også en særlig stor rolle. Disse spesielt unge menneskene er uerfarne. De vet ennå ikke hvordan verden fungerer, hva som er mulig og hva som bør unngås. Det er derfor spesielt vanskelig å finne frem i denne verdenen. Den nåværende og siste generasjonen studenter er også så forskjellig fra tidligere generasjoner at de er motvillige til å bryte ut av denne vanen. Ukjente situasjoner skremmer dem. For det meste spiller frykten for å mislykkes en stor rolle.

Det kan sikkert sies at det ikke er selve skrivingen av en vitenskapelig artikkel som er problemet, men omstendighetene som har samlet seg rundt denne skrivingen. Det handler om å overvinne tankene som står i veien for suksess. Nevnte tanker utløser blokkeringer som kan påvirke selvtilliten og følgelig uttrykket av arbeidet, men også generelle skriveferdigheter. Plutselig virker det å skrive en vitenskapelig artikkel som et uoverstigelig hinder.

Det trenger ikke å være så komplisert. Innenfor en bacheloroppgave eller en oppgave generelt handler det ikke om å finne opp hjulet på nytt og dermed gjøre et stort gjennombrudd i samfunnet. I stedet er det en kontroll der det som er lært, må reproduseres. Likevel er det mange unge som tenker nettopp på dette. Det er absolutt nødvendig å vise topp ytelse, nettopp fordi det ikke er lett å skrive en bacheloroppgave, og det skal også gi et godt resultat, men det er hovedsakelig media som har skylden og beskriver en slik oppgave som en sensasjon. Resultatet er at mange studenter utsetter seg selv for et utrolig press, noe som kunne vært unngått under andre omstendigheter og med mindre innflytelse fra mediene. Det snakkes altfor sjelden om at all vitenskap er en prosess der det handler om å prøve ut seg selv, men også metoder og modeller av virkeligheten. En bacheloroppgave er sjelden et mesterverk, og det trenger den heller ikke å være. Det er greit hvis prosjektet ditt ikke er en sensasjon og ikke går runden i mediene.

Det trenger ikke å være et mesterverk; i stedet er reproduksjon av ens egen kunnskap helt tilstrekkelig.

Lignende problemer oppstår når studenter antar at feil ikke er kunnskap. Bacheloroppgaver handler om å besvare et forskningsspørsmål. Eksplisitte hypoteser settes opp for dette forskningsspørsmålet, som ligner en påstand, og som deretter enten skal støttes eller avkreftes. Resultatet av disse hypotesene kan deretter brukes til å besvare forskningsspørsmålet. Som beskrevet er det enten et spørsmål om bekreftelse, som resulterer i et positivt forløp av datainnsamling, eller det er et spørsmål om ugyldiggjøring, som dannes av et negativt forløp av datainnsamling og påfølgende analyse. Hos mange unge mennesker har det imidlertid festet seg en forestilling om at en slik hypotese alltid må bekreftes. I denne sammenhengen er besvarelsen av en hypotese like mye en prosess som i generell vitenskap. Tester og eksperimenter må utføres, som deretter gir informasjon om riktig resultat. Så selv om en hypotese skulle bli motbevist i en bacheloroppgave, representerer ikke dette en fiasko. I stedet er dette fortsatt et gyldig resultat av eksperimentene eller undersøkelsene som er utført. Men hvis noen virkelig har problemer med dette og antar at en hypotese bør bekreftes i stedet for å avkreftes i avhandlingen, kan dette alltid endres etterpå. Det er ikke en fiasko hvis man kan lære av den informasjonen man får. Målet kan også nås ved å lære om hvordan man lager korrekte hypoteser.

Å være en lærende student handler ikke om å bevise noe. Professorer og studenter ved universitetene er klar over at de har mye bedre oversikt over de generelle fagområdene og kan naturlig nok vise til mer erfaring enn deltakerne. Følgelig forventer ikke professorene og heller ikke deres egne veiledere et mirakel. Så i stedet for å bevise sine evner og skrive en banebrytende bacheloroppgave som representerer samfunnets gjennombrudd, er målet å presentere sin egen, vitenskapelige holdning riktig. Denne vitenskapelige holdningen sier at ethvert emne, uansett hvor komplisert det er, kan mestres. Det er det samme med ens egen avhandling. Når denne ideen er internalisert, virker det plutselig ganske enkelt å skrive vitenskapelige tekster. Intet tema er umulig, og heller ikke for stort. Alt som trengs er en begynnelse.

Det er også viktig å akseptere sin egen feilbarlighet. Innenfor det vitenskapelige feltet er en avhandling forskning. Innenfor denne forskningen er forskningen lite spektakulær. Dette betyr at nesten ingenting fungerer ved første forsøk. For eksempel har det pågått forskning i verdensrommet i flere tiår, og til syvende og sist er det bare noen få resultater som virkelig er kjent. Det er fortsatt så mye mer å forske på, og selv det å finne ut at ens egen uttalelse var feil eller at det ikke er noe å forske på, er fortsatt en erkjennelse. Denne innsikten må presenteres objektivt og selvkritisk. Da er det ikke lenger en hindring å skrive en vitenskapelig artikkel hvis kildene er pålitelige og eksperimentene er godt evaluert.

Til tross for de beste forberedelsene, den beste planleggingen og den beste redegjørelsen, kan det likevel oppstå problemer under gjennomføringen. Disse skriveblokkeringene oppstår på grunn av svært forskjellige faktorer. For eksempel kan det være stress i den private sfæren, enten i vennskap eller romantiske forhold, som påvirker skriveferdighetene og utholdenheten bak, eller det kan være problemer i familien, som kan ha en negativ effekt. Hvorfor noen ikke klarer å få ned de riktige ordene på et hvitt ark, spiller ikke så stor rolle. Selv om det er viktig å ta tak i problemene og prøve å løse dem, er dette ikke alltid mulig. En livssituasjon er vanskelig å endre, og det er like vanskelig å bryte ut av giftige forhold. Ugunstige situasjoner er derfor vanskelige å endre. Det finnes likevel noen måter å motvirke skrivesperren på i stedet for å vente til den forsvinner av seg selv, for når den gjør det, er fristen ofte allerede overskredet.

For å forhindre at dette skjer, er det noen tips og teknikker som kan brukes for å overvinne hindringer innen akademisk skriving.

Tankekart med fire kolonner og nierregel

En metode som tilbyr støtte for enhver form for blokkering kalles "the four-splitter". Denne metoden ble oppfunnet av Jürgen vom Scheidt, en psykolog med doktorgrad, og bygger en dyp forståelse av funksjonene i en skriveprosess.

Innenfor skrivesperre kan det ikke bare være mangel på ideer, men det kan også være et overløp av ideer som forvirrer bæreren av tankene så mye at til slutt finner ingen av disse ideene veien til papiret. Derfor arbeides det på et stort ark slik at det er nok plass til hver av disse ideene. Dette arket er delt inn i fire kolonner, hver med et individuelt navn. De er delt inn i *Loggbok, Min tekst, Kommentar, Forening* og *Loppemarked*.

Den såkalte loggboken skal inneholde alle de tingene som hindrer studenten i å skrive. Det er viktig å arbeide med "bevissthetsstrømmen". Dette beskriver hvordan ufiltrerte tanker kommer inn i psyken. Tankene bør skrives ned i denne ufiltrerte formen uten å tenke på dem særlig lenge. Ufullkommenhet er tillatt her. Alle negative tanker skal ganske enkelt skrives ned, uten struktur, uten baktanker og uten formål, fordi dette formålet kommer helt av seg selv. Skrivehånden har allerede satt seg i bevegelse og fungerer, noe som resulterer i en naturlig flyt av effekt, selv om skrivingen fortsatt handler om et tema som ikke har noe med bacheloroppgaven å gjøre.

Loggbokkolonnen registrerer dermed hvordan skriveoppgaven påvirker eleven, hva som distraherer ham eller henne og hvilke vanskeligheter som er forbundet med den. Det faktum at en oppgave likevel er satt, selv om det ikke er den viktigste oppgaven for øyeblikket, kan absolutt føre til en gnistrende idé som oppstår fra den rene arbeidsflyten. Ganske naturlig fører alt som blokkerer studenten og vises i den første kolonnen automatisk til kolonne nummer to, som representerer innholdsarbeidet.

Den andre kolonnen heter *Min tekst*, og det er ikke uten grunn. Denne spalten handler om å skrive ned det generelle utkastet. Det spiller ingen rolle hvordan dette utkastet ser ut, og hvis det er en annen blokkering der skrivestrømmen setter seg fast, kan du gå rett tilbake til den første kolonnen der du kan skrive ned alle tankene dine. Disse tankene kan for eksempel være: "Høres det *sånn ut?*", "*Forstår du det?*", "*Jeg er virkelig ikke sikker*" og så videre. Alle tanker skrives ned, og deretter går det umiddelbart tilbake til den andre kolonnen. I motsetning til når du skriver i et løp, er det mye mer rom for endringer her. Den andre kolonnen er bare et første utkast som kan endres når som helst.

Hvis de to første kolonnene brukes samtidig, har dette også den bivirkningen at alle de negative tankene ikke blir værende i hodet og flyr frem og tilbake der, spretter av hodeskallens vegger og likevel kommer tilbake igjen, men de blir kastet ut av hodet med nedskrivingen og dermed adresseringen av situasjonene. På denne måten er det mye mer rom for mer konstruktive ideer og tankerekker.

Når en tekst redigeres, vanligvis på en blokk som er skrevet tett sammen, resulterer dette i forvirrende kommentarer som etter en stund ikke lenger gir noen mening i det hele tatt, det resulterer i lister med stjerner, fotnoter og også skriblerier som ikke bare tar opp plass, men også er veldig vanskelig å tyde fordi den faktiske skriftstørrelsen vanligvis er mye mindre enn normalt. I den tredje kolonnen, *Kommentar, Assosiasjoner, kan du* bruke den til å endre det du vil endre på en avslappet måte. Her kan hele setninger omformuleres uten problemer, og alt er også lesbart og konsistent.

Den fjerde kolonnen, loppemarkedskolonnen, beskriver derimot hvor slem den menneskelige psyken noen ganger kan være. Selv om du konsentrerer deg veldig hardt om en tekst og ønsker å jobbe veldig hardt med den, kan psyken din likevel stikke kjepper i hjulene. Plutselig kan det komme en tanke om en film, eller om en velfortjent middag eller snack. Som beskrevet kan for mange ideer også være en hindring. I denne kolonnen bør du derfor skrive ned alt som ikke passer inn i det viktige temaet i den akademiske artikkelen. Heller ikke her spiller temaet noen rolle. I stedet brukes prinsippet her, noe som også er svært nyttig i den første kolonnen. Disse tankene blir kort gjennomtenkt, adressert og anerkjent, men deretter ikke forfulgt videre. Igjen tømmes tankene når de skrives ned. Spesielt fordi dette også kan være svært nyttige tanker hvis for eksempel konklusjonen kommer først i begynnelsen av arbeidet. Så i stedet for alltid å starte nye emner og prosjekter, blir ideene til dem skrevet ned slik at de ikke blir glemt, men samtidig blir de også kastet ut av den generelle strømmen av tanker. Disse tankene oppbevares selvfølgelig i den fjerde kolonnen, der de kan leses gjennom igjen når som helst, men mye viktigere enn det er at de ikke gjør noen skade.

Firedelingen representerer dermed en invitasjon som sier at alle nivåene i skriveprosessen er viktige, og at de bør brukes i samarbeid. Ikke bare gir denne metoden bedre konsentrasjon og fokus, men den fungerer også som en drømmefanger for alle glimt av inspirasjon som ellers ville gått tapt hvis de ikke ble skrevet ned umiddelbart. Det er klart at denne ganske kompliserte nedskrivingen av ens tanker fortsatt vil føles litt teknisk. Men hvis du bruker denne metoden ofte nok, vil du med mye tålmodighet forstå hvor nyttig denne metoden virkelig kan være, spesielt siden den ikke krever noe annet materiale enn et stort ark og en penn, i tillegg til dine egne tanker selvfølgelig.

Selvfølgelig finnes det også metoder som tankekartet, som gjør det mulig å skrive ned og planlegge tankene sine, oppvarmingen, som sier at man må nærme seg en oppgave sakte, da dette kan sammenlignes med sport, eller også ni-regelen, som overskrifter lett kan opprettes og følges. Mulighetene for å overvinne en blokade er nesten uendelige, og det er skrevet hundrevis av veiledninger om nettopp dette emnet som kan gi bedre innsikt. Men hvis du leter etter en spesielt rask metode, kan du også bruke internett til dette, ettersom nye metoder blir lagt ut og delt blant skriveentusiaster hver dag, for til slutt bør det ikke glemmes at selv de beste og mest vellykkede forfatterne sliter med skrivesperre. Disse kommer naturlig, og det er derfor unge mennesker som går gjennom en spesielt vanskelig del av livet, ikke bør la det forstyrre dem.

Det finnes tross alt en måte for alt og mennesker som er villige og i stand til å hjelpe.

Så skrivesperre kan ha mange forskjellige årsaker. Fra sprikende og rotete materiale til vanskeligheter med tekststruktur eller å finne en tilnærming, fra perfeksjonistiske, men urealistiske krav til overdrevne krav og frykt for å mislykkes samt å overvinne ens indre kritiker, det er utallige faktorer som gjør skriving av tekster til en pine. Alle disse grunnene har en negativ effekt på ens egen psyke og fører til tilsvarende konsekvenser. Metodene nevnt her fungerer for de fleste studenter, men har ingen garanti for suksess. I stedet er det viktig å henvende seg til et rådgivningssenter med overbelastning i studiene, uansett hvilken type, som er en bedre kilde til hjelp.

ENDELIG KORREKSJON

En annen hindring er imidlertid ikke bare de aspektene som oppstår under skrivingen av en akademisk tekst, men tiden før selve innleveringen kan være like vanskelig. Mange studenter gruer seg til innleveringsdagen eller dagen før. Det er ikke uvanlig at det fortsatt er ting å gjøre. For eksempel er innholdsfortegnelsen noe av det siste som skal oppdateres og fullføres. Likevel er det så mange viktigere ting som bør tas hånd om etter selve skrivingen av teksten eller det tekniske dokumentet.

Sluttkorrektur eller korrekturlesing av egen tekst er en spesielt viktig del av enhver bacheloroppgave. Det beste ville selvfølgelig være om en ekstern tredjepart kunne lese gjennom teksten en gang til. Etter en stund blir forfatteren blind for sine egne feil, uansett hvor ofte de leses over. Det krever nok avstand til emnet for å kunne finne de spesielt små stave- og grammatikkfeilene, men denne muligheten er ikke alltid gitt. Det er særlig sannsynlig at det oppstår forståelsesfeil hvis det ikke er noen utenforstående som leser gjennom teksten på nytt. For å sikre at den samme omhyggelige korreksjonen også kan oppnås av forfatteren eller studenten selv, bør korrekturlesing eller redigering behandles separat her.

Innledningsvis må det sies at korrekturlesing ikke kan skje en dag før dokumentet sendes inn. Det bør settes av tilstrekkelig tid, ettersom den vitenskapelige teksten bør leses gjennom flere ganger, minst med to dagers mellomrom. Ikke bare kan man dermed fjerne seg fra materialet, men man går også inn i korrekturlesingen på nytt, i stedet for å lese det samme om og om igjen og bokstavelig talt bli blind for feilene.

For å forbedre et dokument på en produktiv måte er det også viktig å løfte blikket fra skjermen. Tross alt er det ingen som skriver bacheloroppgaven sin for hånd i vakker kursiv lenger. I stedet har det å skrive på et tastatur blitt like mye en rutine som å se på en skjerm. Skrolling kan imidlertid noen ganger føre til at feil blir oversett. Det er også vanskelig å se hvordan sluttproduktet skal se ut. Det er derfor viktig å skrive ut dokumentet én gang før du leverer det inn, ikke bare for å se formateringen, men også for å unngå at det skjer slurvefeil under korrekturlesingen. I tillegg er det vanskelig for mange mennesker å se på en skjerm veldig lenge. Selv for unge mennesker som har vokst opp med teknologi, kan det å se på en skjerm i timevis raskt føre til hodepine og synsproblemer. Masteroppgaver eller avhandlinger har ofte mer enn åtti sider som ikke bare må skrives, men også rettes. Å lese åtti sider på rad flere ganger er definitivt ikke lett, mens bacheloroppgaver vanligvis har maksimalt ti tusen fem hundre ord og følgelig ikke er åtti sider lange. Det er derfor mye lettere for øynene hvis det tekniske papiret skrives ut. Etter den tidkrevende skrivingen kan øynene skånes litt slik at det blir en velfortjent time-out.

Det er også mulig å vise flere sider side om side når dokumentene skrives ut. I mellomtiden er dette også mulig med annen formatering via skjermen, men disse mange sidene kan ikke vises i sin opprinnelige størrelse. Så studentene synes ofte det er lettere når arbeidet deres er vendt bort fra datamaskinen eller en bærbar datamaskin.

Akademikere er imidlertid klar over at særlig studenter ikke alltid har mulighet til å skrive ut noe. Svært få studenter har egen skriver, og utskrift på offentlige steder er ofte kostnadskrevende. Så det skal sies her at det absolutt ikke bør være et problem å be om hjelp noen ganger, enten blant venner eller slektninger.

Spesielt siden man i samme åndedrag bør benytte anledningen til å be om en ekstern korreksjon. Det er ikke engang nødvendig å spørre dem som er spesielt gode i grammatikk og rettskriving eller som til og med har studert tyskstudier, men det er nok å spørre venner eller slektninger som i det minste har en viss grunnleggende kunnskap. Stavefeil kan dermed oppdages uavhengig av emnet, og forståelsen bak teksten kan også kontrolleres. Venner eller slektninger som ikke studerer, vil selvfølgelig ikke være i stand til å håndtere emnet for den tekniske artikkelen, og siden den er skrevet på et teknisk språk, vil sannsynligvis ikke alt bli forstått. Det er imidlertid en forutsetning for vitenskapelige tekster at også folk som ikke er eksperter på området, i det minste til en viss grad forstår hva det faktisk skrives om. Det er ikke nødvendig å forstå de små detaljene, men teksten bør definitivt forstås til en viss grad. Det kan for eksempel sjekkes om noen tekstpassasjer er skrevet på en for komplisert måte, eller om visse setninger er klart for lange.

Det som til syvende og sist teller, er at enhver form for korrekturlesing er bra, og at enhver kritikk er verdifull for en forsker. Her er det også viktig at de utvalgte korrekturleserne ikke sjekker dokumentet én dag før det sendes inn. For det første er korrekturlesingen mye slappere enn hvis den planlegges tidlig, og for det andre er det ikke tid til å gjøre virkelig gode forbedringer hvis det er kritikk som kan endres.

Men siden venner eller familiemedlemmer ikke alltid er tilgjengelige, kan du også be Studienkreis om folk som i det minste kan lese gjennom teksten én gang.

Kanskje ikke alle har mange personer i sitt område som kan kontaktes for korrekturlesing. For disse studentene har det nylig utviklet seg et bredt marked for betalt korrekturlesing, som faktisk er helt lovlig. Disse tjenestene koster imidlertid mye penger, og det skjer sjelden at noen som studerer faktisk tjener nok penger til det. Ikke desto mindre bør dette nevnes her som et alternativ. Til syvende og sist er disse høye prisene tjenester som kan sees. Selv om disse personene ikke er upåklagelig utdannede akademikere, kan selv noen som for eksempel har studert tysk språk og litteratur, gjøre en stor forskjell når de korrekturleser en bacheloroppgave, spesielt siden innholdet fortsatt må komme fra forfatteren selv. Det er tross alt bare en korreksjon. Det er ikke lovlig å få noen andre til å skrive bacheloroppgaven, akkurat som en hvilken som helst annen fagoppgave.

En vitenskapelig tekst må være gyldig. I tillegg til objektivitet er dette et av hovedkriteriene. Forskeren selv, og i dette tilfellet studenten, må kunne bevise at arbeidet er skrevet av ham, at det er en profesjonelt skrevet tekst og ikke et såkalt spøkelseskrevet arbeid. Betalt redigering er som sagt likevel lovlig.

Mesteparten av tiden faller imidlertid arbeidet tilbake på studenten. Derfor beskrives her noen tips og triks som kan brukes til å kontrollere og forbedre teksten på egen hånd, hvis ingen andre er tilgjengelige.

Det første tipset bør virke ganske enkelt. Det er faktisk til stor hjelp hvis teksten leses høyt og langsomt. I tillegg kan en vektlegging brukes som om det var et svært viktig dokument. Dette er en spesielt god måte å finne feil i grammatikk eller setningsstruktur som kan gjøre lesingen vanskelig. Hvis setninger brukes feil, merkes dette umiddelbart, eller til og med hvis for eksempel et verb mangler. Det har også den enkle effekten at teksten da absolutt ikke skumleses. Studentene går ofte inn i en såkalt skumlesemodus når de leser en tekst stille. Altfor raskt blir linjene igjen, for siden innholdet er en selvskrevet tekst, kan man det nesten utenat etter å ha skrevet det så mye. Så hvis teksten leses høyt og langsomt, kan dette godt unngås.

Et spesielt moderne tips hjelper deg med å finne flere mellomrom som ikke blir lagt merke til i en lang tekst. Spesielt raske skrivere på tastaturet merker noen ganger ikke engang når de trykker på mellomromstasten en gang for ofte, spesielt siden avstanden ikke er stor nok til at det virkelig gjør en visuell forskjell. For trente korrekturlesere er dette imidlertid en torn i øyet. For en student gjør kanskje ikke et dobbelt mellomrom noen forskjell, men professorer oppfatter det som en feil i den løpende teksten, noe som til og med kan koste poeng. Dette kan enkelt avhjelpes. Ved hjelp av søkefunksjonen i dokumentet kan du enkelt finne disse mellomrommene. Hvis det ikke er et eneste av disse doble mellomrommene i brødteksten, er dette ikke bare fint og konsekvent å se på, men det viser også professorene at forfatteren av teksten virkelig har lagt ned innsats i formateringen, noe som kan gi verdifulle poeng.

Det neste tipset burde ikke komme som noen overraskelse, men ser ut til å være nytt for mange unge mennesker. Det nytter ikke å lese en tekst i ett strekk, særlig hvis det er et veldig langt, teknisk dokument. En bacheloroppgave er riktignok ikke så lang som en diplomoppgave, men å lese en bacheloroppgave høyt kan lett ta en time. Selv for innpakkede lesere er dette ikke lett uten en pause. Dette kan fungere for romaner som tar leseren med til en fjern verden, men ikke for tekniske artikler som omhandler utfordrende emner. Det er derfor viktig å ta tilstrekkelig med pauser. Derfor er det praktisk å strukturere den løpende teksten eller velge ut et antall sider som skal dekkes. På denne måten er det mulig å unngå å miste konsentrasjonen for raskt, for når dette skjer, oppstår det små feil som ellers kunne vært unngått. For å oppnå dette er det selvfølgelig også viktig å sørge for å drikke nok vann. Dette forlenger faktisk konsentrasjonsperioden.

Et annet, ganske moderne tips beskriver at skrifttypen på dokumentet bør endres nå og da. Ikke permanent, selvfølgelig. Selve formateringen kan settes tilbake på den korrigerte teksten etterpå, men det har vist seg at setninger ikke lenger forstås automatisk hvis skrifttypen endres. Skriftstørrelsen kan også endres, men vær forsiktig med farger. Sterke farger kan raskt overbelaste øynene, selv om et blått lysfilter er aktivert. Det er derfor bedre å holde seg innenfor de mørke fargene, for eksempel grått eller mørkeblått, i stedet for å bytte direkte til en lys oransje. En slik prangende farge ville bare avlede oppmerksomheten fra selve ordene. Men når resten av teksten endres, er det nesten som å rette en annens tekst. Det er i hvert fall tankegangen bak. Den endrede skrifttypen gir et nytt syn på helheten.

Det er imidlertid også noen svært vanlige ting som bør unngås, og som gjør korrekturlesing av en teknisk tekst til en ren tortur. Feil allokering av tid er vanligvis grunnen til at korrekturlesing ikke blir behandlet i tilstrekkelig detalj eller at den rett og slett faller i glemmeboken. Det er best hvis korrekturlesing er fast planlagt. Dette betyr blant annet at ferdigstillelsen av teksten må fremskyndes noe, men det bør være tilfelle uansett. Det er uakseptabelt å ferdigstille et teknisk dokument bare én dag før det skal leveres. Noen ganger kan imidlertid selv de beste matematikerne ha feilberegnet tidspunktet. Tross alt kan ingen forutsi hvilke problemer som kan oppstå. Så hvis du har dårlig tid til den siste korrekturlesingen, bør du spørre venner og slektninger på forhånd om de kan lese over noen deler av teksten. Så selv om dokumentet ennå ikke er ferdig, er det verdt å korrigere delene som allerede er skrevet.

Når det gjelder å korrigere spesielt viktige dokumenter, for eksempel den vitenskapelige teksten i en bacheloroppgave, bør man absolutt ikke stole på en automatisk stavekontroll, som nå finnes i mange skriveprogrammer. Kontrollen mislykkes raskt med ord med bindestrek og også med ord som har flere betydninger hvis de staves forskjellig. Følgelig anbefales ikke en slik stavekontroll. Særlig fordi grammatikken og kommasettingen i slike programmer lar mye å ønske.

Det er derfor mye bedre å søke hjelp eller virkelig investere tid i din egen korreksjon.

Det er også viktig å beskrive at det ikke bør være for mange korrekturlesere som ser over en tekst. Hvis noen i vennekretsen eller familien har studert tysk, er dette selvfølgelig veldig praktisk, men det skjer ganske sjelden. Derfor blir venner ofte spurt, og alle får lov til å lese over teksten én gang. Dette kan imidlertid føre til mange forskjellige meninger, som til slutt ikke gir et korrekt resultat, men bare er forvirrende. Spesielt siden alle korrekturlesernes rettelser må gjennomgås på nytt av forfatteren selv i en tidkrevende prosess, slik at det ikke blir enda flere feil i teksten enn før. Så i stedet for å gi alle i vennekretsen sjansen til å lese om bacheloroppgaven, bør det bare gjøres et lite utvalg som også kan stole på.

Men hvis ingen kan gi tips og det ikke er noen som kan gjøre korreksjonen, er det viktig å ikke dvele ved bare én feil. Hvis du ikke er sikker på en bestemt kommaplassering eller setningsstrukturen kan høres litt rar ut, kan det være vanskelig å finne et konkret svar på dette som også er nyttig. Så i stedet for å investere for mye tid i denne ene feilen, er det bedre å merke den slik at du kan komme tilbake til den senere. Tross alt er tiden veldig verdifull her, og planleggingen for en bachelorgrad kan være veldig stram. Å kaste bort tid er det siste en student ønsker. Som i skolen er det derfor tillatt å hoppe over visse avsnitt og behandle dem senere hvis det ikke er mulig å finne et svar på kort tid.

Avslutningsvis kan det sies at korrigering av enhver vitenskapelig tekst er en svært viktig del av vitenskapelig skriving. Ikke bare må dette trinnet inkluderes i den generelle planleggingen, men også når det gjelder selve korrigeringen, er det nødvendig med en presis strategiplan slik at den møysommelige korrigeringen fortsatt kan gjøres i tide. Det bør settes av mye tid til dette, da dette trinnet er minst like viktig som selve skrivingen. Men med tipsene og triksene som er beskrevet her, bør alle i det minste finne det lettere å rette noen feil innen staving, kommasetting og grammatikk.

Oppbyggingen av et teknisk dokument

et gradsstudium skilles det grunnleggende mellom to ulike typer kontroll; mellom en semesteroppgave og en **bacheloroppgave**.

Husarbeid virker vanligvis som en uoverkommelig oppgave. Det reiser helt klart flere spørsmål enn det gir svar. Hvor skal man begynne? Hvordan kan ens egne tanker settes ned på papiret på en profesjonell måte? Hvordan bør man gå frem, og hva er den riktige måten å forske på?

Etter en tid kan en rutine bli tydelig når man har skrevet nok artikler, essays og dossierer, og man blir også kjent med sine egne typiske feil. Med nok tid virker en semesteroppgave nå ikke lenger som et uoverstigelig hinder, men snarere som en spesialisert, rutinemessig oppgave som kan ta mange forskjellige former. Gruppearbeid er for eksempel ikke uvanlig i en semesteroppgave. Forelesere tildeler ofte emner for semesteroppgaver til mange forskjellige studenter, som deretter må gå sammen i grupper. Vanligvis gjøres dette på en slik måte at hver student tar på seg en egen rolle. Dette gjør det enkelt å gi individuelle karakterer så vel som å vurdere helhetsbildet. Selv om det selvfølgelig må sies at en gruppeoppgave medfører helt andre vanskeligheter og utfordringer enn en individuell oppgave.

Gjensidig kontroll øker pliktfølelsen, slik at det etableres en rutine ikke bare for selve skrivingen, men også for den viktige sluttkorreksjonen. Det er imidlertid svært vanskelig å oppnå dette i grupper som ikke harmonerer godt med hverandre. Alle skriverutiner er forskjellige, og det samme er andres måter å arbeide og skrive på.

Følgelig kan dette føre til mye krangel og diskusjon når det oppstår uenigheter. Problemer kan også oppstå når ulike karakter- eller personlighetstyper kolliderer. Ikke alle streber etter perfeksjon, for eksempel. For noen studenter er det nok med et *bestått*, mens andre studenter streber etter *veldig bra*.

Med semesteroppgaver er det imidlertid ikke uvanlig at det er noen som kan hjelpe. En avhandling, derimot, beskriver for mange studenter det første skriftlige og dermed virkelige arbeidet de må skrive helt på egen hånd. Dette er ikke lett og medfører mye stress. Selv om stresset i et gruppearbeid allerede kan virke høyt, blir dette tatt til et helt annet nivå med en avhandling. Før vi diskuterer avsluttende oppgaver og dermed også bacheloroppgaver, vil vi imidlertid kort diskutere de viktigste aspektene ved å skrive en semesteroppgave.

En semesteroppgave er aldri like lang som en avhandling. Plassen er begrenset, noe som gjør det desto viktigere å skrive om relevant innhold. Det gir svært få poeng hvis du fortsetter å avvike fra det egentlige temaet, selv om noen tekstpassasjer kan være ganske fristende å gjøre det. Så selv om visse hovedpunkter og tankeganger er svært interessante, bør det alltid sjekkes igjen om de virkelig er relevante punkter for et emne. Hvis ikke, er det bedre å utelate dette tankepunktet. I en semesteroppgave er det ikke dramatisk hvis du bommer på poenget, men i en bacheloroppgave kan det være katastrofalt. En rød tråd bør også være til stede i disse "enkle" semesteroppgavene. Tross alt er semesteroppgavene ment å gjennomgå det som er lært og også å forberede studenten på en så mye større oppgave. Derfor bør man alltid spørre seg om spørsmålet eller hypotesen virkelig kan besvares ved hjelp av innholdet.

Dokumentets struktur må være like logisk gjennomtenkt som det overordnede innholdet. Gir strukturen mening? Er overskriftene godt valgt, og er underoverskriftene virkelig egnet til å støtte tesen som beskrives? Disposisjonen er så viktig fordi den er rammen for semesteroppgaven. En disposisjon må gi mening, ellers er det vanskelig å følge forfatterens tankegang. Så selv om innholdet er riktig når det gjelder emnet, kan det likevel hende at det ikke blir riktig forstått på grunn av en feil disposisjon. Følgelig er det behov for et konsistent rammeverk slik at de skrevne ordene virkelig får et uttrykk bak seg.

Selv om noen studenter ønsker å få det som de vil, er dette noen ganger svært upraktisk i løpet av studiene. De fleste universiteter og noen ganger til og med de enkelte fakultetene eller professorene har egne retningslinjer som må følges når du skriver en semesteroppgave eller avhandling. Det er viktig å lese disse retningslinjene nøye på forhånd og følge dem. Selv om disse retningslinjene kanskje ikke samsvarer med ens egne tanker, er det nettopp disse begrensningene som gir verdifulle karakterpoeng. De kan gi deg informasjon om hvordan du skal søke på riktig måte, eller hvilke kilder som godtas og hvilke som bør utelates. I tillegg kan professorenes preferanser bli funnet ut, for eksempel hvordan de skal siteres. Som vi lærte i forrige kapittel, er det tross alt flere forskjellige metoder å vurdere. Problemer med formatering kan også løses ved hjelp av disse retningslinjene. Så her er det viktig å ta et skritt tilbake av og til for å la selve graderingen stå i sentrum.

Frykten for en blank side er også veldig reell når det gjelder semesteroppgaver. For å overvinne frykten for dette og for å finne ut hvor du skal begynne å skrive først, har denne boken noen veldig nyttige tips for dette som kan brukes av studenter i alle aldre.

Når det gjelder avhandlinger, finnes det også flere ulike varianter. En slik oppgave inkluderer **bacheloroppgaven**, **diplomoppgaven**, masteroppgaven og også **masteroppgaven**. Disse avhandlingene er den siste fasen av den akademiske opplæringen. Denne fasen representerer dermed et viktig skritt mot uavhengighet, som bør tas på største alvor. Med innleveringen av dette arbeidet er grunnsteinen lagt for en hvilken som helst start i livet til en arbeidende voksen - eller til og med i en fortsatt akademisk karriere.

Før vi snakker om de viktigste aspektene ved en avhandling og hvilke forskjeller det er til en semesteroppgave, må det sies her at dette bare er grove retningslinjer. Alle formaliteter i forbindelse med avhandlinger reguleres individuelt ved universitetene. Det finnes derfor ikke noe standardskjema som kan beskrives her. Ikke desto mindre kan disse instruksjonene betraktes som en nyttig retningslinje, ettersom de fleste fakulteter og lærestoler har ganske like retningslinjer. Likevel bør instruksjonene for å skrive avhandlingen fra ens eget universitet eller høyskole ha større betydning enn tipsene som er oppført her.

Valg av tema for en avhandling er et svært viktig kriterium. Personlig interesse spiller selvfølgelig også en svært viktig rolle her. Før selve arbeidet må emnet studeres i flere uker eller til og med måneder. Personlig interesse er uunnværlig her.

Det er ingen mangel på inspirasjon når det gjelder å finne emner. For eksempel anbefales forskning i biblioteket. Mange universiteter gir også tilgang til arkivet, der noen gode avhandlinger og avhandlinger kan brukes som eksempler. Umiddelbart etterpå, når et grovt tema er kjent, selv om det ennå ikke er uttalt, er det verdt å snakke med foreleseren eller veilederen. Også hvis du har spørsmål, er det alltid verdt å se til denne personen, som alltid er villig til å hjelpe. Det kan også hende at et tema er gitt. Dette skjer vanligvis når temaet velges fra en pool.

Umiddelbart etter at temaet er valgt, må spørsmålet stilles om hvordan det skal skrives. Du kan velge mellom litteraturbasert forskning og en tilsvarende teoretisk behandling og en omfattende empirisk del, som skal inngå i avhandlingen og relateres til praksis.

Før den generelle skrivingen av avhandlingen kan begynne, må imidlertid ikke bare den rette veilederen bli funnet, men avhandlingen må også registreres. Dette gjøres vanligvis ved hjelp av et skjema som fylles ut av studenten selv eller av den første sensoren. Denne søknaden sendes deretter til den relevante eksamenskommisjonen. Først når søknaden er godkjent og et positivt svar er mottatt, kan studenten begynne å skrive avhandlingen. Her bør man imidlertid huske på at det for det første er en eksklusiv frist for innlevering som sjelden kan forlenges, og for det andre at det nå ikke lenger er så lett å endre temaet eller til og med tittelen på avhandlingen uten videre, ettersom disse allerede er undersøkt og godkjent.

Etter registrering har en student vanligvis mellom seks uker og tre måneder på seg til å skrive bacheloroppgaven. Diplomoppgaver gis tre måneder og masteroppgaver gis til og med fem til seks måneder på grunn av deres store omfang. I unntakstilfeller er det svært sjelden mulig å forlenge tiden opp til maksimalt tre måneder.

Erfaringen viser at avhandlinger naturlig nok er mer omfattende og lengre enn semesteroppgaver. De er vanligvis mellom tretti og hundre og tjue sider lange. Det avhenger av graden, studieprogrammet, emnet og selvfølgelig lærestolen. Empiriske avhandlinger kan faktisk være betydelig lengre, men bacheloroppgaver inneholder vanligvis maksimalt ti tusen fem hundre ord.

Dette kapittelet omhandler innholdet i en avsluttende oppgave eller bacheloroppgave. Generelt bør det tas hensyn til følgende punkter: Et forsideark, en **ansvarsfraskrivelse**, en **innholdsfortegnelse, en liste over tabeller** og **figurer, en liste over forkortelser** (om nødvendig), et sammendrag, en **innledning, en hoveddel,** en **konklusjon,** en **litteraturliste** og selvfølgelig et **vedlegg.** Sist, men ikke minst, er en **erklæring** om **uavhengighet viktig,** der en student forplikter seg til å oppgi sannferdig at arbeidet ble skrevet og skrevet utelukkende av ham eller henne.

REDEGJØRELSEN

Et sammendrag brukes i mange forskjellige former for skriving. I bokutgivelser er det for eksempel behov for et sammendrag slik at en lang roman raskt kan overskues og oppsummeres. Det samme gjelder innenfor et gradsstudium. Et sammendrag er generelt nyttig når du skriver et arbeid, da det er en oversikt som kan være til stor hjelp for både forfatteren av teksten og studentens veiledere. Generell planlegging kan i stor grad forenkles ved å skrive et sammendrag; det er grunnlaget for enhver vellykket artikkel.

Å skrive et sammendrag er imidlertid vanligvis like vanskelig som å skrive hele teksten. Problemene som allerede er nevnt i innledningen, spiller også inn her. En redegjørelse skrives vanligvis i et studieprogram etter planleggingsfasen, dvs. at den skal gi en oversikt over arbeidet. Denne planleggingsfasen er imidlertid allerede i seg selv et stort hinder for mange studenter. Denne hindringen er desto større når det gjelder å skrive og transkribere nevnte planlegging.

Denne metoden for innsamling av informasjon er i utgangspunktet etterspurt i alt viktig arbeid og følgelig definitivt i avsluttende avhandlinger. Fra tid til annen skjer dette også i semesteroppgaver som skal forberede selve avhandlingen. Dette er imidlertid ikke utelukkende tilfelle innenfor studieprogrammet. Exposés er også påkrevd for stipendsøknader eller for forsknings- eller prosjektsøknader. I disse tilfellene kan det på forhånd avgjøres om prosjektet i det hele tatt er gjennomførbart, og i så fall om planleggingen kan gjennomføres.

Mange studenter legger ikke stor vekt på redegjørelsen. Tanken bak er at hovedfokuset til syvende og sist skal være på det mye mer langvarige og ofte tidkrevende arbeidet. Dette er en berettiget tanke, men en redegjørelse representerer likevel ikke ekstra arbeid og absolutt ikke et overflødig skritt. Hvis det på forhånd er klart hvilke mål som skal nås, kan man spare mye unødvendig arbeid og mye tid. På denne måten kan feilveier unngås, i tillegg til dobbeltarbeid og tilbakesporing. En slik eksponering er også spesielt praktisk, da det er mulig å unngå skrivesperre, noe som kan påvirke en eller annen student. Ved å lage en arbeidsplan på forhånd er det også mulig å skrive på forskjellige steder samtidig - akkurat som mange lærere i skoleklasser igjen og igjen sier at man ikke bør dvele ved bare en oppgave i en eksamen, men at denne oppgaven også kan hoppes over først for ikke å sette seg fast unødvendig på en vanskelig oppgave. Så snart alle de andre oppgavene i prøven er mestret, er det mulig å gå tilbake til denne ene oppgaven, ettersom den gjenværende tiden nå kan brukes fornuftig. Det samme gjelder for skriving. Det er nesten umulig å skrive fra begynnelse til slutt, hver setning for seg, uten å gå tilbake. Svært ofte blir studentene sittende fast ved en bestemt passasje. I disse øyeblikkene oppstår skrivesperre. Ikke en eneste tanke kan overføres gjennom fingrene. Ved å skrive et passende sammendrag, som avklarer noen aspekter og ulike emner i oppgaven på forhånd, er det mulig å hoppe til et annet avsnitt i teksten uten å nøle. Vanligvis strekker en slik skrivesperre seg ikke over hele teksten, men påvirker bare en enkelt passasje. Hvis akkurat dette punktet endres, kan en ny flyt av skriving stimuleres, noe som også kan føre tilbake til selve problemavsnittet. Dette kan spare mye tid som ellers ville blitt brukt på å stirre på en skjerm, og fremfor alt betyr det at studentene selv har mindre stress å forholde seg til.

En redegjørelse gir dermed et arbeidsgrunnlag som kan brukes til å forhindre at de faktiske målene for arbeidet mistes av syne. Det er derfor mindre sannsynlig at den avviker fra temaet.

Men hvordan er en slik redegjørelse strukturert? Det er mange forskjellige måter å strukturere en redegjørelse på. Et kriterium for dette er vanligvis konteksten, men adressatene fører også til en annen struktur på en redegjørelse. Overordnet skilles det mellom tre typer; den **kortfattede redegjørelsen, som er** helt tilstrekkelig for en semesteroppgave, den betydelig **mer detaljerte redegjørelsen**, som brukes til avhandlinger og ofte er kjent som en avhandling, og den **omfattende redegjørelsen** for prosjekt- og studiesøknader.

Så før man tenker på hvilke temaer som bør tas opp i redegjørelsen, er det nødvendig med en presis avklaring av målene. Med denne klargjøringen av målene kan det deretter tas en beslutning mellom en av disse veiene. I tillegg er det også kriteriene til tilsynsmyndigheten eller adressatene som er avgjørende for riktig form på en redegjørelse.

Disse tre typene vil bli beskrevet her.

Den enkle redegjørelsen av en semesteroppgave er vanligvis ikke veldig lang og overstiger ikke to sider. Disse to sidene inneholder arbeidstittelen på den akademiske teksten og forskningsspørsmålet, som er det generelle temaet for skriveprosjektet. I tillegg trenger den en foreløpig oversikt over arbeidet, som beskriver kapitler og viktige avsnitt, og den trenger også en foreløpig innledning. Et sammendrag er vanligvis et forslag som må godkjennes. Det er derfor ikke uvanlig at disse foreløpige kjennetegnene endres før selve prosjektet starter. En slik endring krever vanligvis ikke et nytt sammendrag.

En slik innledende introduksjon må inneholde følgende: en gjentatt problemstilling med en problemstilling, målene for arbeidet, strukturen og dermed en mer utdypende disposisjon, samt de første kildene som kan videreutvikles senere.

Et sammendrag for en avhandling kan være mellom fem og tjue sider langt og er derfor mye mer detaljert. I tillegg til arbeidstittelen og forskningsspørsmålet må den nåværende forskningssituasjonen på området beskrives. Dette etterfølges av forfatterens interesse for forskningen og hypotesene som har oppstått fra denne interessen. Dette etterfølges av teorien det henvises til, metodene som beskriver prosessen, samt en allerede fastsatt tidsplan frem til innlevering av prosjektet, i tillegg til kildereferansene og en foreløpig disposisjon også her.

Sammendraget for et forsknings- og/eller studieforslag ser ganske likt ut. I tillegg til kriteriene som er beskrevet i forrige avsnitt, er det her også behov for en detaljert oversikt over eventuelle kostnader som kan påløpe. Slike kostnader omfatter reiseutgifter, men også materiell- og personalkostnader. I tillegg er det svært viktig å være tydelig på kravene og finansieringskriteriene for en slik søknad. I motsetning til de to foregående typene sammendrag er det her nødvendig å utkrystallisere detaljene og styrkene til det generelle prosjektet som søknaden er basert på. Den må vise hvor godt søkeren har forberedt seg, og at prosjektet er beskrevet som realistisk og gjennomførbart. En slik eksponering kan gis et helt spesielt preg som gjør prosjektet veldig spesielt. Sammendraget for en studie og/eller et forskningsforslag er ofte et konkurranseutsatt område og krever derfor vanligvis en annen tilnærming enn de foregående typene.

Når planleggings- og orienteringsfasen er fullført, bør det ikke lenger være noe problem å fastsette egne mål og dermed bestemme seg for en av disse tre typene. Ikke desto mindre bør en redegjørelse ikke påbegynnes før det generelle temaet, forskningsspørsmålet og også de videre målene for arbeidet er bestemt, uten at disse kan endres igjen senere.

Det er viktig å sette av nok tid til dette første trinnet. Hvis det investeres nok tid her, kan mye tid tas igjen under selve skrivingen. Nå er det riktig tidspunkt for å få et nøyaktig inntrykk av det samlede prosjektet. Det bør ikke være overraskende at ikke alle aspekter ved et dokument kan beskrives, og at noen ting vil endres i ettertid. Dette er helt normalt, ettersom opplysningene er foreløpige. Det er heller ikke mulig å forutse alle resultatene på forhånd, og derfor kan de videre målene endre seg, og det er heller ikke mulig å vurdere problemene på et tidlig stadium. Disse kan inntreffe når som helst og forstyrre den faktiske planleggingen. Med den rette redegjørelsen kan slike uforutsette hendelser og komplikasjoner i det minste bygges inn i planleggingen, slik at de kan løses raskere. Dermed kan det gjøres antakelser. Dette er spesielt nyttig for tidsstyring, siden studentlivet ikke er enkelt og mange ting kan dukke opp. Det gjør det også lettere å sette frister og jobbe gjennom dem, slik at det ikke blir søvnløse netter kort tid før fristen.

Sammendraget er derfor et viktig orienteringshjelpemiddel for studentene, men det er fortsatt bare noe som en foreløpig oversikt, som ikke bør tas for alvorlig. De foreløpige formuleringene kan fortsatt endres mye, og hvis dette er tilfelle, må forfatteren av teksten også godta disse endringene og avvike fra den faktiske planen. Den endelige versjonen av det ferdige prosjektet kan variere og avvike fra den opprinnelige grunnloven, men dette endrer fortsatt ikke den grove planen som ble skrevet ned i synopsis, slik at selv en endret versjon fortsatt kan holdes innenfor de generelle rammene gjennom en synopsis.

En redegjørelse er derfor et viktig første skritt for alle studenter, som forenkler skrivingen av en akademisk tekst.

INNLEDNING

Etter sammendraget kommer innledningen. En innledning er viktig for enhver skriftlig tekst. Denne kunnskapen undervises allerede i skolen. Men hvorfor er innledningen så viktig i en bacheloroppgave?

Til syvende og sist handler det om å vekke interesse. Bare en god innledning kan overbevise leseren om å lese videre. Det handler om å reflektere sin egen motivasjon, men også om å introdusere svært tekniske emner, som metodologi og forskningsstatus.

Innledningen er spesielt viktig her, siden denne delen også kan overbevise sensorene. En god introduksjon kan kompensere for feil eller minuspoeng i den senere delen av bacheloroppgaven. Hvis professorens forventning og interesse er vekket, er sjansene for en god karakter betydelig høyere enn hvis han eller hun først må slite seg gjennom introduksjonen.

Følgende bør vurderes i innledningen: Temaet må introduseres. Dette bør omfatte en beskrivelse av temaets egenskaper og hvorfor det er relevant. Målet må presenteres. Hva skal oppnås med bacheloroppgaven? Leserens nysgjerrighet må også vekkes, og den generelle relevansen bør beskrives. Sistnevnte handler ikke bare om temaet, men snarere om hvorfor ens egen bacheloroppgave er vitenskapelig relevant. Hvorfor er det viktig å skrive en teknisk artikkel om dette?

Det finnes ingen direkte retningslinjer for størrelsen på en introduksjon. Likevel bør en introduksjon ikke være mer enn ti prosent av den ferdige avhandlingen, men heller ikke mindre enn fem prosent, ellers kan ikke den rette interessen vekkes. Siden størrelsen spiller en viss rolle her, bør introduksjonen skrives på slutten av bacheloroppgaven.

Noen studenter skriver innledningen først, fordi de vil prøve å sette opp en strategiplan for seg selv, men dette kan allerede gjøres med et godt sammendrag. Hvis innledningen skrives i begynnelsen, er det ikke uvanlig at den må endres igjen på slutten, etter at selve teksten er ferdig. Det er ikke alltid mulig å forutse nøyaktig hva som kan skje i en vitenskapelig artikkel. En innledning bør derfor bare formuleres mot slutten. Hvis redegjørelsen imidlertid ikke er tilstrekkelig som slagplan, kan du utarbeide et sammendrag. Hoveddelen av innledningen bør imidlertid ikke formuleres fullstendig før i det minste hoveddelen allerede er skrevet og korrigert. Først når hoveddelen er skrevet, har du en skikkelig oversikt over metodikken, men også over den generelle forskningssituasjonen.

Det er viktig at innledningen starter med et utropstegn, dvs. med en svært interessant innledning. Ulike stilistiske virkemidler kan brukes til dette. Interessen kan vekkes med provoserende utsagn og påstander, så vel som med meningsfull statistikk og kontroversielle spørsmål. Meningsfulle sitater og spennende vitnesbyrd vekker leserens nysgjerrighet. Det vekker forventning til det som skal komme og forvandler et tilsynelatende kjedelig, vitenskapelig arbeid til noe betydelig mer spennende.

Innledningen bør også knyttes til konklusjonen, som ble beskrevet i forrige kapittel. Konklusjonen i bacheloroppgaven oppsummerer alle de sentrale funnene på en forståelig måte. Innledningen skal derimot forberede hoveddelen. Derfor er det viktig at innledningen ikke inneholder noen funn. Derfor bør konklusjonen sammenlignes med innledningen for å sikre nettopp dette aspektet.

Hvis du synes det er vanskelig å skrive en innledning, bør du huske at det også er mulig å dele opp innledningen. Dette kan gjøre innledningen tydeligere, særlig når det gjelder mer omfattende dokumenter eller lange begrepsforklaringer. Heller ikke her er det noen retningslinjer, men en slik inndeling kan se slik ut: Skriv først innledningen. Dette betyr introduksjonen av introduksjonen, som vekker nysgjerrighet i korte setninger. Deretter kan den generelle problemstillingen komme, der oppgavens tema beskrives og hvorfor akkurat det skal skrives om. Deretter kan målene for arbeidet beskrives i tillegg til tilnærmingen. Til slutt kan strukturen oppsummeres kort.

Det kan også bli lettere å skrive en innledning hvis du følger disse nyttige tipsene. Det bør skrives kort, men presist. De riktige detaljene må være til stede, men det er absolutt sant at kvalitet bør komme før kvantitet. I tillegg spiller tempus en viktig rolle. En innledning bør skrives i presens, men du kan bytte til preteritum eller perfektum når du beskriver bakgrunnsinformasjon. Det er viktig at hvis en fortidsform velges, brukes den alltid i tillegg til presens, ellers kan det oppstå forvirring ved lesing. Riktig sitering kan også gjøre et emne interessant å lese om. Hvis det brukes informasjon fra kilder som ikke står i hoveddelen, må dette selvsagt også oppgis i referansene. Hvordan du siterer korrekt, finner du i det tilsvarende kapittelet.

Innledningen er derfor et spesielt viktig første skritt som, sammen med sammendraget, kan gi leseren et første glimt av hva som kommer. Riktig formulert og spennende utformet kan det gjøres noen plusspoeng her som kan veie opp for mye i det lange løp. Det bør derfor tas spesielt hensyn til dette, selv om det likevel er noen viktigere aspekter å ta hensyn til i en bacheloroppgave. Likevel bør introduksjonen absolutt ikke neglisjeres.

Sammendraget

En introduksjon inkluderer også det såkalte sammendraget. Dette skiller seg fra abstrakt skriving, som tilhører feltet objektivitet. I stedet kalles sammendraget også et ledelsessammendrag. Det er en kort tekst som presist og kortfattet beskriver alle de viktigste punktene i bacheloroppgaven. Sammendraget beskriver dermed et kompakt sammendrag av innholdet, som skal gjøre leseren nysgjerrig på innholdet i avhandlingen. Denne delen bør ikke overstige tre hundre ord. På grunn av dette ordantallet kan sammendraget sammenlignes med en baksidetekst i en hvilken som helst bok. Vanligvis plasseres sammendraget etter innholdsfortegnelsen.

Sammendraget skiller seg fra selve innledningen i den forstand at et sammendrag for det første er en valgfri del av teksten, og for det andre formidles resultatene også her. Teser kan nevnes, og forskningsspørsmålet kan også presenteres. Det første bør utelates fra selve innledningen. Et sammendrag beskriver dermed den nøyaktige prosedyren med liten henvisning til litteraturen.

Men hva bør inkluderes i et sammendrag? Du bør begrense deg til følgende fire spørsmål: Hva handler det egentlig om? Hvordan ble teksten skrevet? Hva er de viktigste resultatene, og hva betyr resultatene for forskningen? Målet bør være å gi leseren en god oversikt over din egen forskning og de tilhørende resultatene.

Dette er imidlertid som sagt et valgfritt skritt.

ANALYSE

Hoveddelen av bacheloroppgaven beskriver analysen eller den såkalte metoden. Dette er den delen av oppgaven som beskriver hvordan forskningsspørsmålet ble besvart på slutten av det tekniske arbeidet.

Målet med metoden er å forklare hvordan den faktiske forskningen ble utført eller hvordan resultatene ble oppnådd. I dette avsnittet vil vi se på nøyaktig hvilke metoder som ble brukt for å teste hypotesen, hvordan en casestudie ble gjennomført og også hvordan forskningsspørsmålet ble besvart.

Når du skriver en metode, er det viktig å beskrive den på en slik måte at den kan gjentas når som helst. Hvis noen andre skulle utføre den samme forskningen, er det viktig at i det minste noen av de samme resultatene kommer fram. Selvfølgelig kan dette ikke være hundre prosent, ettersom det alltid er noen individuelle variabler som vil endre resultatet litt, men det er fortsatt viktig at forskningen er reproduserbar og derfor repeterbar. Dette er et kvalitetskriterium for all kvalitativ og kvantitativ forskning og er følgelig særlig viktig for alle metoder.

Selv om metodedelen er en av de viktigste delene i bacheloroppgaven, bør denne delen bare utgjøre omtrent ti prosent av hele teksten. Med en total lengde på ti tusen ord er dette omtrent ett tusen ord. Det må imidlertid også sies at denne delen kan være betydelig lengre hvis dataanalysen og de tilhørende kvalitetskriteriene også beskrives i metoden. Hvis disse to delene er inkludert, er metodedelen vanligvis betydelig lengre enn det angitte antallet ord. Det er ingen foreskrevne regler for dette, bare retningslinjer, og derfor er inndelingen overlatt til studenten. Ikke desto mindre bør tilsynsmyndigheten konsulteres her for å forsikre seg.

Metodedelen av en avhandling plasseres i disposisjonen rett etter innledningen og det teoretiske rammeverket. Men hva skal egentlig beskrives i metoden eller analysen?

Noen grunnleggende spørsmål bør besvares her. De seks spørsmålene som bør vurderes, er som følger: Hva slags forskning gjennomføres? Hvordan ble dataene samlet inn? Hva kjennetegner nevnte data? Hvordan ble forskningen gjennomført? Hvordan ble dataene analysert? Og ble de tidligere fastsatte kvalitetskriteriene for forskningen oppfylt?

Å lage et forskningsdesign kan bidra til å besvare disse spørsmålene. Her må det tas noen viktige avgjørelser som kan bidra til å formulere metodedelen riktig. Vanligvis opprettes et slikt design i begynnelsen av hver avhandling. Utformingen vil spesifisere hvilken type forskning som er valgt og hvordan dataene som samles inn vil bli analysert. Her kan man sette et personlig preg på en ellers ganske kjedelig, teknisk avhandling. Disse seks spørsmålene, som kan besvares ved hjelp av forskningsdesignet, vil nå bli diskutert nærmere.

Hva slags forskning ble gjort?

Det er tre svar som kan velges for dette: kvantitativt, kvalitativt eller en kombinasjon av begge. Det skilles mellom om statistisk arbeid er å foretrekke, eller om individuelle data heller bør undersøkes i detalj og settes ord på. En kombinasjon av begge kalles vanligvis blandede metoder eller triangulering, der resultatene både presenteres statistisk og beskrives i detalj.

Videre kan det beskrives om det skal benyttes en induktiv eller deduktiv tilnærming. Et induktivt resonnement beskriver hvordan forskningen utføres uavhengig og hvordan teorier og resultater utledes fra den. En deduktiv tilnærming beskriver i stedet at en allerede eksisterende teori testes og klargjøres ved hjelp av en undersøkelse.

Hvordan ble dataene samlet inn?

Målet her er å beskrive i detalj hvordan en litteraturgjennomgang ble gjennomført eller hvordan feltstudier og feltundersøkelser ble utført. Svaret her avhenger av om det ble valgt en kvantitativ tilnærming eller en kvalitativ tilnærming. Det kan beskrives mer detaljert hvilke databaser det ble søkt i, hvilke rapporter og data som ble analysert, om det ble gjennomført en sekundæranalyse og/eller en diskursanalyse og om det ble gjennomført en kvantitativ innholdsanalyse eller hvilke spørreundersøkelser, intervjuer og eksperimenter som ble gjennomført, samt hvilke observasjoner som ga særlig signifikante tall og om det ble gjennomført en kvantitativ diskursanalyse. Etter en vellykket datainnsamling er det selvfølgelig også nødvendig med en forklaring på hvordan disse dataene ble til i utgangspunktet.

Hva kjennetegner dataene som samles inn?

Igjen avhenger svaret av nøyaktig hva slags forskning som er gjort. Så her er spørsmålet om det er data fra et litteratur- eller annet referanseverk, eller om det var et utvalg av disse dataene. Når det gjelder sistnevnte, må det deretter beskrives hvilken metode som ble valgt for utvalgsundersøkelsen og hvordan dette nøyaktig fant sted. I tillegg er det også nødvendig med en nøyaktig beskrivelse av det generelle utvalget.

Det handler imidlertid ikke bare om opprinnelsen til de innsamlede dataene, men også om hva som ble brukt og hvilke data som ikke ble brukt. For dette formålet deler man inn i inklusjons- og eksklusjonskriterier. Spesielt når det gjelder eksklusjonskriteriene, bør det beskrives nøyaktig hvorfor dataene ikke ble tatt hensyn til i studien.

Hvordan ble forskningen gjennomført?

Her kan det for eksempel beskrives i detalj om det var nok personer tilgjengelig for et intervjuspørsmål eller en spørreundersøkelse. Når ble feltstudien avsluttet, eller når ble det klart at resultatene var tilfredsstillende? Det er derfor viktig å fokusere på forskerens rolle. Hva var de positive og negative aspektene? Hvordan var kvaliteten på et intervju, kunne undersøkelsen virkelig gjennomføres nøyaktig slik man hadde forestilt seg? Dette bør imidlertid ikke dreie seg om en subjektiv oppfatning. I stedet bør det alltid fokuseres på å beskrive fakta. Forskerens sultfølelse har for eksempel ingen plass her.

Hvordan ble dataene analysert?

Også her kan spørsmålet bare besvares dersom det på forhånd er tatt en beslutning om kvantitativ eller kvalitativ forskning. I kvantitativ forskning kan statistiske tester nevnes her, i tillegg til kvantitative innholdsanalyser eller regresjonsanalyser. Kvalitativ forskning krever i stedet en fortolkende sammenligning av data og koding, samt kategorisering av materiale, en kvalitativ innholdsanalyse eller en undersøkelse av en bestemt modell som passer inn i det teoretiske rammeverket.

Siden dette er en analyse, må det oppgis nøyaktig hvordan de empiriske dataene ble behandlet. Dataprogrammer kan også brukes her, så lenge dette er beskrevet i detalj. Så hvordan kom man egentlig fram til resultatene? Hvilke analysemetoder ble brukt, og hvilke modeller fungerte eller fungerte ikke?

Denne delen av metoden kan også utføres separat, for eksempel i resultatrapporten, men dette bør diskuteres på forhånd, ettersom retningslinjene ikke er enstemmige på dette punktet.

Kan alle kvalitetskriteriene for forskningen oppfylles?

Overholdelse av kvalitetskriterier er særlig viktig i all forskning. Her må det derfor tas hensyn til om personopplysningene til andre personer, for eksempel deltakerne, er håndtert objektivt, om forskningen er pålitelig og om den kan vurderes som gyldig. Åpenhet er også viktig. Intersubjektivitet må vurderes i tillegg til det generelle omfanget. Dette kan behandles i et eget avsnitt, men det kan også forekomme i metodikken. Denne delen kan også beskrives i diskusjonen.

Det er disse kvalitetskriteriene som gjør et forskningsarbeid til et anerkjent, vitenskapelig forskningsarbeid. På slutten av en bacheloroppgave er det nettopp derfor nødvendig med en egenerklæring om at disse kvalitetene virkelig er tatt i betraktning. Enhver vitenskap er tross alt et ekstremt seriøst og profesjonelt arbeidsfelt, ikke minst fordi det ofte har å gjøre med andres personopplysninger.

Hvis metoden eller analysen fokuserer på disse seks spørsmålene, kan nesten ingenting gå galt. Det er viktig å vise til fakta, men denne delen av arbeidet bør ikke neglisjeres. Derfor er det ganske viktig å beskrive i detalj, fordi hvert aspekt og hver liten detalj i en forskning er viktig, men fakta må holdes, og selv om de faktiske dataene er detaljerte, er det fortsatt nødvendig å skrive så kort og presist som mulig slik at en seksjon ikke blir for lang. Alle delene av en bacheloroppgave skal være omtrent like lange. Dette gjelder også underkategoriene i de enkelte kapitlene.

KONKLUSJONEN

Det må ikke glemmes at konklusjonen er minst like viktig som hele det faglige arbeidet. Til slutt kan noen svært viktige aspekter formuleres på nytt, det er behov for en velskrevet konklusjon samt litt juridisk bakgrunn. Så også mot slutten bør arbeidet fortsette å gjøres seriøst.

Å skrive konklusjonen i en vitenskapelig artikkel er delt inn i tre aspekter. Den trenger en konklusjon, som allerede er forklart i detalj i første kapittel, den trenger en bibliografi og kildeliste, og selvfølgelig må erklæringen ikke mangle.

Bibliografi og referanser

Vi begynner her med kildelisten eller bibliografien. Dette er særlig viktig fordi alle opplysninger og uttalelser som ikke er gitt av forskeren selv, må gjengis korrekt. Dette betyr at alle kilder som brukes i teksten, må oppgis, selv om det bare er et avsnitt eller en enkelt setning. Selv om den tyske siteringsstilen brukes, dvs. hvis fotnoter brukes, må de detaljerte kildene fortsatt siteres igjen i sin helhet i bibliografien, med samme struktur og rekkefølge som i fotnotene. På den annen side trenger ikke en kilde som hjalp til med forskningen og ikke ble sitert, å nevnes, selv om det ville bidra til å spore forfatterens tankegang, men det finnes ingen retningslinjer for dette.

Når det gjelder de ulike referansestilene som er beskrevet i det første kapittelet, er det selvsagt noen forskjeller i strukturen her, avhengig av hvilken referansestil som er valgt. I prinsippet må imidlertid den samme informasjonen alltid være til stede. Hvis disse dataene ikke kan finnes med hensyn til en kilde, bør det vurderes å unnlate disse kildene.

Disse dataene omfatter forfatterens navn, utgivelsesår, utgivelsessted, tittel, utgiver eller redaktør, og ideelt sett bør man også finne ut hvilken utgave litteraturen finnes i. Det er også viktig å huske at bibliografien er skrevet i alfabetisk rekkefølge for å gjøre det lettere å slå opp en kilde raskt, ettersom bare etternavnet ofte brukes, spesielt i den indirekte siteringsmetoden.

Som et lite tips kan det her sies at kildelisten ikke bør sorteres først etter at alle kilder allerede er skrevet ned, eller etter at alle fotnoter allerede er laget. Det er bedre om kilden til en fotnote umiddelbart kopieres inn i bibliografien i sin helhet. Dette kan spare mye tid i stedet for å måtte lete gjennom hele den akademiske teksten for å finne de riktige kildene i etterkant. På denne måten er det ikke nødvendig å søke på nytt senere.

Kildelisten ser forskjellig ut i alle akademiske oppgaver, og det er bra. Alle bruker forskjellige kilder, og siden det finnes forskjellige typer når det gjelder struktur, er forskjeller helt tillatt. Hvis man imidlertid bestemmer seg for én form for kildehenvisning eller én form for kildehenvisning, bør denne beholdes, slik at kildelisten ser enhetlig og konsistent ut i ettertid.

Antall kilder spiller heller ingen stor rolle, men det er mer praktisk hvis det oppgis betydelig flere kilder og referanser enn bare noen få. På den ene siden etterlater dette selvfølgelig et varig inntrykk, og forteller professorer og forelesere at det er gjort mye forskning, men på den andre siden kan det forhindre at plagiat dukker opp. Hvis det oppgis mange kilder, kan ingen kritisere at det man selv har skrevet, høres for mye ut som det en annen person, en annen forfatter, har skrevet. I utgangspunktet kan det sies at det aldri er for mange kilder, og hvis det er det, er det bedre å gi for mange enn ikke nok. Det er imidlertid viktig å sørge for at disse kildehenvisningene virkelig er fullstendige og at de også er de riktige dataene. Dette kan noen ganger gå ubemerket hen hvis du stoler på mange kilder, men du bør ikke glemme at professorer ser og sjekker om kildene er korrekte eller om informasjonen virkelig samsvarer med kildene. Også her bør det utvises stor forsiktighet og mildhet.

Eideserklæring

Bak konklusjonen danner erklæringen vanligvis konklusjonen på enhver bacheloroppgave. Dette er imidlertid ikke valgfritt. Erklæringen er en forutsetning for å bestå bacheloroppgaven i utgangspunktet.

Denne erklæringen handler om å forklare at ens eget faglige arbeid er skrevet helt uten ekstern hjelp, og at bare de angitte kildene er brukt. For at erklæringen skal være lovlig, må den undertegnes av forfatteren.

Betydningen av erklæringen er faktisk ganske enkel. Det handler om å bekrefte at arbeidet ble utført utelukkende på en vitenskapelig måte. Dette betyr blant annet at arbeidet ble utført objektivt og seriøst, men det betyr også at bacheloroppgaven ble skrevet av forfatteren. Derfor er det også viktig å forklare at denne akademiske teksten ikke er publisert andre steder. Erklæringen utgjør dermed en ed. Det handler om å opprettholde "vitenskapens æreskodeks". Dette er faktisk også veldig lovlig, fordi det i denne eden henvises til straffeloven så vel som til eksamensreglementet til universitetet. Når du avlegger denne eden og sender inn bacheloroppgaven, er hver student juridisk forpliktet til å fortelle sannheten.

Et brudd på punktene i erklæringen kan få alvorlige konsekvenser. Ikke bare vil alt profesjonelt arbeid ikke bli vurdert hvis eden brytes, men det kan også få juridiske konsekvenser, for eksempel tilbakekalling av en tidligere oppnådd tittel eller til og med exmatrikulering.

Vanligvis er en erklæring vanligvis forkortet til under fem setninger. Følgende komponenter må beskrives: I tillegg til en overskrift er det selvfølgelig nødvendig med personlige opplysninger som navn, sted og dato, samt en håndskrevet underskrift som bekrefter eden. Følgende aspekter må bekreftes: Arbeidet må være skrevet selvstendig og uten ekstern hjelp. Alle kilder som brukes i det faglige arbeidet, må siteres i henhold til de vitenskapelige reglene for sitering og må være klart gjenkjennelige. Bilder, grafikk eller annet materiale som brukes i det faglige arbeidet, må enten være laget av studenten selv, eller de må være gjenkjennelige og korrekt sitert. Verken temaet, selve oppgaven eller til og med enkelte deler kan være hentet fra en annen students oppgave, med mindre dette er avtalt på forhånd, og det må heller ikke være gjenkjennelig at noe aktivt er hentet fra en annen student. Det bekreftes også i erklæringen at forfatteren av teksten er klar over konsekvensene dersom denne erklæringen brytes.

De som har problemer med å sette ord på detaljene som er gitt her, kan få et eksempel fra sitt eget universitet. Mange universiteter tilbyr erklæringer for bacheloroppgaver. Disse finner du vanligvis på hjemmesiden, og hvis ikke kan du alltid kontakte din egen veileder.

Uttalelsens posisjon er også viktig for et profesjonelt arbeid. Det er generelt to varianter som kan velges for dette: Enten er det oppført helt i begynnelsen av den akademiske teksten, rett bak forsiden, eller, som vanligvis er tilfelle, er plasseringen helt til slutt, på siste side. Det er viktig å merke seg at erklæringen, uansett hvor den plasseres, ikke er gitt et sidetall. Erklæringen er heller ikke inkludert i innholdsfortegnelsen.

I tillegg må man være nøye med å velge riktig terminologi. Det hender fra tid til annen at erklæringen forveksles med beslektede begreper. Disse begrepene ser ved første øyekast svært like ut, men de har svært ulik betydning.

En affidavit har sin opprinnelse i rettspraksis.

En erklæring på ære og samvittighet har ingen juridisk bindende kraft, men er basert på yrkesutøverens æresord, dersom det besluttes å gjøre det.

Og en blokkeringsmelding, også ofte kalt en konfidensialitetsavtale, sier at bacheloroppgaven ikke kan gis videre til en tredjepart. Dette kan skje hvis den tekniske artikkelen ble skrevet i et selskap og dette selskapet har forbudt publisering av teksten. Sperremeldingen ligger derfor nær en opphavsrett.

Tilleggskapittel om kjønn: Kjønnssensitivt språk

Selv om det absolutt er et spørsmål om å følge gammeldagse tradisjoner som tar etikk og menneskelige følelser svært alvorlig i en vitenskapelig artikkel, blir kjønn nå stadig viktigere i vitenskapelige tekster. Gendering betyr altså at ikke bare mannlige lesere føler seg adressert når de leser en vitenskapelig tekst. Målet er å gjenspeile alle kjønn i språket, slik at alle føler seg adressert når de leser.

Men jo viktigere dette temaet blir, jo mer kontroversielt blir det diskutert. På den ene siden gir kjønnssensitivt språk muligheter for likestilling. Det sikrer at diskriminering unngås. I tillegg er det en større form for enhet mellom kjønnene i feltstudier, for eksempel spørreundersøkelser, hvis spørsmålene stilles på en kjønnstilpasset måte. Kvinner har da også en tendens til å møte opp i større antall. På den annen side hevdes det imidlertid at leseflyten forstyrres av kjønning. Problemet her er manglende tilgjengelighet. For synshemmede er de ulike skrifttypene vanskelige å lese, og selv skjermlesere leser vanligvis ikke de sammensatte ordene riktig. I tillegg kommer at selv om nye nøytrale begreper stadig etablerer seg i folks språkbruk, skjer dette svært langsomt. Det brukes fortsatt hovedsakelig maskuline termer, og mange føler at kjønnet til en person som skal beskrives, er for fremtredende hvis det feminine kjønnet også brukes i termen samtidig.

Uansett hvordan det argumenteres, kan det likevel sies at genus i vitenskapelig arbeid har mange fordeler, selv om det ikke er eksplisitt påkrevd. I samfunnsvitenskapene gjør det det mye lettere å beskrive mennesker. Hvis bare den maskuline betegnelsen brukes, kan dette noen ganger være vanskelig, og det er ikke alltid klart hvilken person som faktisk menes eller hvilken person som skal føle seg adressert. Kjønnssensitivt språk er derfor ikke bare fritt for fordommer, men også mer presist.

Mange universiteter har nå egne retningslinjer for likestilling, som beskriver hvilke stiler som er velkomne eller akseptert. Tross alt er det mange stiler og former. Ofte overlates valget til elevene, siden dette fortsatt er elevenes tekster, og et likestilt språk må også passe inn i de unges skrivestil. I tillegg oppfordres studentene til selv å tenke kritisk rundt spørsmålet om likestilt språk. Dette stimulerer en følelse av uavhengighet, men også en følelse av ansvar. Heller ikke her skader det imidlertid å stille spørsmål.

Når det gjelder kjønn, er det mange forskjellige måter å gjøre det på. Selv mediene er ikke enige om dette. Byrådet i Hannover og NDR skriver konsekvent med kjønnsstjerner, Tagesschau henvender seg direkte til de enkelte kjønnene og etterlater en liten pause i mellom, som for øvrig kalles glottis punch, og mediekommandoen Funk holder seg til kolon. Sistnevnte ses svært ofte i musikktjenesten Spotify, men også på plattformen LinkedIn. Så det finnes mange metoder, og ingen er helt sikre på hva som er best å bruke.

De som ikke tør å kjønnsbestemme, kan bruke nøytrale formuleringer, slik det er gjort noen ganger i denne boken. Det finnes imidlertid ikke en nøytral variant for hvert begrep, selv om det blir stadig flere av dem. Ikke desto mindre er den nøytrale formen for kjønn et positivt alternativ som ikke har noen negativ innvirkning på lesbarhet eller tilgjengelighet. Det er heller ikke her direkte åpenbart at det brukes på motsatt måte.

En tilsvarende nøytral form er parformen. Disse doble navnene avbryter lesestrømmen like lite, siden dette ikke er grammatisk vanskelige former, men siden både den feminine og maskuline formen er skrevet ut, teller denne varianten som en veldig enkel og fremfor alt tilgjengelig metode. Et minuspoeng er imidlertid at det ikke er mulig å skrive direkte i nøytral. Dette betyr at ikke-binære personer ikke føler seg ivaretatt.

Skråstreken, derimot, sees nå like ofte som de tidligere nevnte variantene. Skråstrek etterfulgt av bindestrek anerkjennes av de offisielle rettskrivningsreglene. Disse spesialtegnene er plassert mellom to kjønnsrelaterte ordfraser. Også her er leseflyten i den sammenhengende teksten knapt, om i det hele tatt, begrenset, ettersom alle kjente former for grammatikk fortsatt kan brukes her. Likevel, som med de følgende stilene, er det ikke helt enkelt å skrive dette skjemaet. Selvfølgelig er det et spørsmål om å venne seg til det, men det må også tilpasses først.

Som nevnt i de foregående medieeksemplene finnes det også andre rettskrivningsregler, men de er ikke like vanlige og er like vanskelige å skrive. Kjønnsstjernen er en ny form for skråstrek, men ikke så forskjellig fra den. Understreken og kolon er plassert rett ved siden av hverandre på tastaturet, og den nyeste formen av den innrykkede I-en gjør "I-en" i for eksempel studenter til en stor bokstav.

Det utvikles stadig helt nye stavemåter for dette formålet, som anerkjennes i de fleste tilfeller. Så lenge det er gjenkjennelig at en form for kjønning er forsøkt, er dette allerede et stort pluss, men det må gi grammatisk mening, og det må også holdes et øye med tilgjengeligheten. For en som ikke er ekspert på et vitenskapelig emne, kan det å lese en teknisk artikkel allerede være et lite hinder. Lesestrømmen bør ikke forstyrres unødig.

Avsluttende ord

En fagartikkel, uansett omfang, er aldri en enkel oppgave. Spesielt bacheloroppgaven er det første store hinderet som en ungdomsstudent må overvinne alene. Det er ikke akkurat lite som kan gjøres feil, med feil tidsstyring som et av de største problemområdene.

Det er heller ikke uvanlig at studenter blir stående alene med denne vanskelige oppgaven. Det er lite forståelig lesning som bare kan trekkes til hånden, og studentens egne veiledere eller til og med professorer kan bare hjelpe opp til et visst nivå. Skrivingen av den akademiske teksten overlates til studenten. Samtidig er akademisk skriving et svært seriøst arbeidsfelt som ikke bør tas lett på. Stresset og den følelsesmessige spenningen er tilsvarende stor når det gjelder å skrive din første bacheloroppgave eller til og med din første semesteroppgave i studiene. Det er forståelig at noen føler seg fortapt.

Før du gir opp, bør imidlertid denne boken tilby støtte til alle dem som står fast med sitt eget akademiske arbeid. Mens det første kapittelet tar for seg de viktigste aspektene ved akademisk skriving, tar det andre kapittelet for seg den direkte strukturen i en bacheloroppgave eller annen akademisk oppgave. Nå skal det ikke lenger være noe problem å sitere, akkurat som å referere og argumentere. Grunnleggende om akademisk skriving ble fastlagt og visse mentale hindringer ble diskutert, noe som gjør det å skrive en akademisk artikkel til en større reise enn det faktisk er.

Denne boken snakket om det som ofte faller under bordet; frykten for å mislykkes og skuffelse. Alle studenter har slike tanker minst én gang i løpet av studietiden, og det er helt i orden. Selv en semesteroppgave er et veldig stort skritt, og det må også huskes at det å skrive en bacheloroppgave er et av de første skrittene inn i livet til en arbeidende voksen. Mange studenter må komme seg gjennom denne fasen alene, og de kan sjelden håpe på støtte utenfra. Denne boken beskriver blant annet hvordan korrekturlesing kan være av høy kvalitet selv uten eksterne lesere, og hva man bør se etter.

Det er derfor ingen grunn til å gå tilbake fra et teknisk dokument. I stedet kan det være en lærerik leksjon for senere i livet som til og med kan involvere moro, når alt kommer til alt, i beste fall handler skriving om emner av egeninteresse. Så i stedet for å se på denne oppgaven som et uoverstigelig hinder, bør dette hinderet i stedet tas med et godt løp og mye moro.

Dermed hjelper denne boken alle de som er i en viktig eksamensfase, er i ferd med å skrive bacheloroppgaven eller allerede har begynt og leter etter nyttige tips og triks.

Kilder

Albrecht, R. (2000) Wissenschaftliche Arbeiten schreiben mit Word (Formvollendete und normgerechte Examens-, Diplom- und Doktorarbeiten). München.

Banthien, H. & Freytag, T. & Vogel, S. (2003) Kleine Anleitung zum wissenschaftlichen Arbeiten (von Studenten für Studierende). Universitetet i Heidelberg. Utgitt av Senter for studieveiledning og videreutdanning.

Boehncke, H. (2000) Schreiben im Studium (Vom Referat bis zur Examsarbeit). Falken Verlag. Niederhausen.

Eco, U. (1990) How to write a scientific thesis (doctoral, diploma and master's thesis in the humanities and social sciences). I3. Utgave. Heidelberg.

Frank, N. (2019) Handbuch Wissenschaftliches Schreiben (Eine Anleitung von A bis Z). Utgiver Ferdinand Schöningh. Brill Group Imprint. Koninklijke Brill NV. Leiden, Nederland. Brill Deutschland GmbH. Paderborn, Tyskland.

Gruber, H. (2020) Hinführung zum wissenschaftlichen Arbeiten (Ein Leitfaden). Universitetet i Frankfurt. Frankfurt.

Hofmeister, H. (2013) Handbuch zum Wissenschaftlichen Schreiben (Ein Handbuch zum wissenschaftlichen Arbeiten an der Professur für Arbeitssoziologie der Goethe-Universität Frankfurt am Main). 4. utg. Goethe-universitetet i Frankfurt am Main. Institutt for samfunnsvitenskap. Institutt for sosiologi - Fokus på arbeidssosiologi. Frankfurt.

Karall, P. H. & Weikert, A. (2010) Das Verfassen wissenschaftlicher Arbeiten. Institutt for kultur- og sosialantropologi, Universitetet i Wien. Wien.

Kornmeier, M (2013) Wissenschaftlich schreiben nach dem Gugelhupf-Prinzip (Wissenschaftlich schreiben leicht gemacht für Bachelor, Master und Dissertation). 6. utgave. Haupt Bern 2008, Stuttgart, Göttingen.

Lang, Peter. (2021) Vitenskapelig skriving interkulturelt: kontrastive perspektiver. Berlin, Bern.

Ossietzky, C. (2010) Leitfaden zum Verfassen wissenschaftlicher Arbeiten (Hausarbeiten/Ausarbeitungen). Universitetet i Oldenburg. Institutt for tyske studier. Oldenburg.

Ribing, R. (1999) Die Gestaltung wissenschaftlicher Arbeiten (Ein Leitfaden für Haus-, Seminar- und Diplomarbeiten sowie Dissertationen). 2. utg. Wien.

Schmölzer-Eibinger, S. & Bushati, B. & Ebner, C. & Noederdorfer, L. (2018) Wissenschaftliches Schreiben lehren und lernen (Diagnose und Förderung wissenschaftlicher Textkompetenz in Schule und Universitäten). Karl Franzensuniversitetet i Graz. Waxmann Verlag GmbH. Münster.

Stephan, T. (2017) Leitfaden "Wissenschaftliches Schreiben". Universitetet for anvendt vitenskap, Potsdam.

Spitta, J. (2001) Wissenschaftliches Arbeiten (Grundlagen zu Herangehensweisen, Darstellungsformen und Regeln). 3. utgave. Eschborn bei Frankfurt am Main: Klotz.

Bielefeld University (2021) Leitfaden zum Verfassen eines Exposés. Universitetet i Bielefeld. Fakultet for utdanning. Servicesenter Selvstudium. Bielefeld.

Wolfgang, L. (1999) Technik des wissenschaftlichen Schreibens. (Seminaroppgave, diplomoppgave, avhandling). 7. utgave. München; Wien, Oldenbourg.

Den vitenskapelige skrivingen.
M. Mittelstädt, Sherif Khimshiashvili Street N 47 A, Batumi 6010, Georgia

All Rights Reserved.

© copyright 2023 Fynn Hansen

Milton Keynes UK
Ingram Content Group UK Ltd.
UKHW020249300324
440331UK00010B/1010